Convivir con el autismo

Guías para padres

Mike Stanton

Convivir con el autismo

Una orientación para padres
y educadores

PAIDÓS

Barcelona
Buenos Aires
México

Título original: *Learning to Live with High Functioning Autism*
Originalmente publicado en inglés, en 2000, por Jessica Kingsley Publishers Ltd., Londres
Publicado en castellano por mediación de Cathy Miller Foreign Rights Agency, Londres
First published in 2000 by: Jessica Kingsley Publishers Ltd., London, represented by
The Cathy Miller Foreign Rights Agency, London, England

Traducción de Genís Sánchez Barberán

Cubierta de Julio Vivas

© 2000 Mike Stanton
© 2002 de la traducción, Genís Sánchez Barberán
© 2002 de todas las ediciones en castellano,
  Ediciones Paidós Ibérica, S.A.,
  Mariano Cubí, 92 - 08021 Barcelona
  y Editorial Paidós, SAICF,
  Defensa, 599 - Buenos Aires
  http://www.paidos.com

ISBN: 84-493-1181-0
Depósito legal: B. 49.224/2001

Impreso en Novagràfik, S.L.
Vivaldi, 5 - 08110 Montcada i Reixac (Barcelona)

Impreso en España - Printed in Spain

Para Dee, Matthew y Katie:
este libro es tan vuestro como mío.
Gracias por compartirlo.

Sumario

Agradecimientos

Gracias a todo el personal y a los alumnos de la George Hastwell School por haberme enseñado tanto sobre el espectro del autismo a lo largo de los años. Gracias también a todos los padres, hermanos y personas autistas de la sede en Furness de la National Autistic Society por haber sido una fuente de gran inspiración y fuerza mientras escribía este libro.

Nota del autor

He escrito este libro para unas personas muy ocupadas: los padres y los profesionales responsables del cuidado y la educación de niños con autismo. Por ello he evitado llenar el texto de referencias y notas a pie de página. Es directo y conciso.

La primera observación se refiere al título, *Convivir con el autismo*. Muchas personas que padecen autismo tienen dificultades adicionales y necesitan cuidados y atención durante toda la vida. Otras tienen el potencial de sobreponerse a su discapacidad y disfrutar de una vida productiva e independiente. De ellos trata este libro. Empleo la expresión «autismo de alto funcionamiento» porque comunica la posibilidad de tener éxito al tiempo que nos recuerda que nuestros hijos siguen haciendo frente a las enormes dificultades que conlleva este trastorno.

La segunda observación es que se trata de una «guía escrita por un padre». No se trata de una simple explicación académica. Soy un apasionado del autismo. Soy un adepto. Poseo un punto de vista que fundamenta este libro. La vida de las personas con autismo es muy dura porque su discapacidad no se manifiesta a primera vista y es difícil de entender. En parte he escrito este libro para explicar a la gente cómo es la vida de un autista. Yo lo he tenido que aprender a la fuerza y para mi hijo también ha sido muy difícil enseñarme. Es más fácil leer el libro.

Gran parte de la información que aparece aquí procede de Internet. He incluido las URL o direcciones de las páginas web donde he encontrado información aunque puede que algunas hayan cambiado porque la red se rehace constantemente.

Además, una buena parte de la información procedente de padres y de personas con autismo también la he obtenido por medio de Internet en respuesta a mis peticiones de información en grupos de noticias públicos y en listas de correo semiprivadas. He cambiado u omitido los nombres para respetar la intimidad de esas personas. También he listado algunos de estos recursos de Internet. Si existe algo que se pueda llamar «comunidad autista», su sede está en el ciberespacio.

La generosidad y el nivel de conocimientos que ofrece a manos llenas esta comunidad electrónica es realmente impresionante. Gracias a todos por haberme aceptado y enseñado, y por haber hecho posible este libro. Espero haberlo hecho bien. Sé que puedo confiar en que, si no ha sido así, ¡muchos de vosotros me lo diréis!

1

Introducción

A Matthew se le diagnosticó autismo en agosto de 1997. Tenía 12 años y no había ido a la escuela desde enero de aquel año. Pensamos que ese diagnóstico marcaría el final de nuestros problemas, ya que el distrito escolar local tendría que encargarse de las necesidades de nuestro hijo. Pronto descubrimos que la atención necesaria no existía o era demasiado cara. Y si el distrito escolar hubiera estado dispuesto a pagar (que no lo estaba) nos hubiéramos encontrado con una larga lista de espera. Nos vimos atrapados en una confrontación en la que ninguno de los bandos podía ganar y en la que Matthew sólo podía perder.

En aquellos momentos me sentía muy frustrado cuando intentaba explicar lo que era evidente a los profesionales y administradores responsables del servicio de asistencia. Cuando se trataba del autismo, a veces parecía que no «se enteraban».

«Sí, ya sé que había dicho que tenía el síndrome de Asperger y que ahora le estoy diciendo que es autista. Pero es que el síndrome de Asperger es un trastorno del espectro autista. No todos los autistas tienen el síndrome de Asperger, pero todos los que tienen el síndrome de Asperger son autistas.»

«Sí, su rendimiento escolar es superior a la media y sus resultados en los test psicométricos son buenos. Pero sólo llega a este nivel cuando tiene un adulto para él solo. No sabe manejar la presión del grupo de compañeros y por eso huye y se esconde cuando debería estar en clase», etc., etc.

Me preguntaba si mi frustración se parecía en algo a la de mi propio hijo, que además de tener que enfrentarse a la poca consideración y comprensión de los demás, tenía que hacer frente a los problemas directamente relacionados con su trastorno del espectro autista. ¡Es comprensible que las personas con autismo sean propensas a las rabietas y a los ataques de pánico!

Un período de mala salud me proporcionó tiempo para ordenar mis pensamientos y reflexionar sobre la empinada curva de aprendizaje a la que me había enfrentado durante los últimos años. Empecé a comprender lo difícil que debía ser para unos profesionales muy ocupados y sin experiencia directa con el autismo comprender mi punto de vista o el de Matthew. Al mismo tiempo, se había producido un marcado aumento en el número de casos de autismo dados a conocer. Aún no está claro si este aumento se puede explicar por el mejor conocimiento del trastorno y por la mejora de los medios de diagnóstico. Paul Shattock (1999) examina una teoría alternativa según la cual los cambios en el entorno pueden estar contribuyendo a que los casos de trastornos del espectro autista sean cada vez más numerosos. Sea cual sea el resultado final de este debate, lo más probable es que veamos a más y más padres solicitando diagnóstico y asistencia a profesionales cuyos conocimientos sobre el autismo pueden ser insuficientes u obsoletos.

Por otro lado, los padres tenemos una visión excepcional de nuestros propios hijos y con frecuencia adquirimos conocimientos y nociones detalladas de los trastornos del espectro autista. Al mismo tiempo, a veces nos esforzamos en compartir esos conocimientos en medio de agrias batallas en torno a diagnósticos, definiciones y asignaciones de recursos. Son muchas las ocasiones en las que creo que me podría haber expresado mejor si en esos momentos no hubiera estado tan afectado emocionalmente. Ahora me siento animado a expresarme gracias a mis charlas con padres y personas autistas de todo el mundo. He intentado equilibrar mi tristeza y mi enojo al leer tantas historias similares con la extraña satisfacción que surge de comprender que no estoy solo. Ahí fuera hay un problema y el hecho de exponerlo ante un público más amplio quizá pueda contribuir a su solución.

Esta «guía escrita por un padre» tiene un triple objetivo. Espero que el conocimiento y la comprensión que pueda ofrecer sobre la base de mi experiencia como padre pueda ayudar a otros padres a saber que muchos ya hemos pasado por lo mismo y hemos sobrevivido. También espero que puedan aprender de mis errores.

Otro objetivo ha sido escribir una «guía de ayuda a los padres» para profesionales con el fin de añadir una comprensión de nosotros mismos y de nuestros problemas al *corpus* creciente de conocimientos sobre el autismo que fundamenta las decisiones tomadas en nombre del bienestar y la educación de nuestros hijos. Con frecuencia se nos hace sentir como si fuéramos una parte del problema o no formáramos parte de la solución. Debemos ser reconocidos como el recurso más importante que tienen nuestros hijos.

También me gusta pensar que estoy aprendiendo a ver el mundo a través de «la lente de Asperger» (Cumine, Leach y Stevenson, 1998). Uno de los aspectos más discapacitadores del autismo es el deterioro de la cognición social. En cualquier encuentro, la mayoría de nosotros somos conscientes de por lo menos tres puntos de vista: el nuestro, el de la persona con la que interaccionamos socialmente y el de las otras personas presentes. Esto suele recibir el nombre de «teoría de la mente». Somos conscientes de que otras personas pueden tener su propio punto de vista, diferente del nuestro, y de que podemos emplear la imaginación para compartirlo. Pero para las personas con autismo puede ser todo un logro saber que los demás pueden tener distintos puntos de vista, logro que es aún mayor si aceptan que esos puntos de vista ajenos pueden ser tan válidos como el suyo.

Con demasiada frecuencia no correspondemos a los demás. Es muy fácil caer en la trampa de creer que, como la persona con autismo no tiene una comprensión cabal de la realidad social, su punto de vista no es válido. Todos tenemos una comprensión imperfecta de la realidad social. Pero sigue siendo nuestra realidad. Y lo mismo ocurre con la persona autista. Imaginemos lo escandaloso que sería si se entrenara a los perros lazarillo para que mordieran a sus dueños cuando cometieran un error. E imaginemos ahora la presión a la que sometemos a las personas con autismo para que cumplan con nuestra expectativas y comparémosla con lo poco que nos esforzamos por cumplir con sus expectativas y apreciar sus puntos de vista. Si esperamos que sean indulgentes con nosotros para vivir más fácilmente en nuestro mundo, lo menos que podemos hacer es reconocer su realidad y ser indulgentes con ellos.

2

Historia de un padre

Para mi hijo, el instituto de segunda enseñanza fue su perdición. Vivimos en la Columbia británica, dicho sea de paso. No teníamos ningún diagnóstico... sólo teníamos una serie de diagnósticos pero no el paquete completo. El chico pasó la mayor parte de los años de primera enseñanza entre centros públicos y privados.

En séptimo curso (que aquí es el último año de primaria), asistía a una «clase especial» y tuvo la mejor de sus experiencias escolares. La enseñante influyó muchísimo. Sabía aprovechar sus puntos fuertes y trabajaba mucho con la autoestima. Parecía un niño totalmente diferente. Ella hizo todo lo que pudo para poder tenerlo un año más. Sabía, y yo también lo creo, que podría hacerle avanzar mucho si lo tenía otro año. El sistema no le dejó quedarse debido a su talla y a su edad (era dos años mayor que la mayoría de los alumnos de séptimo).

Durante los primeros años de secundaria también asistía a una clase especial. Pero asistir a secundaria significa cambiar de aula y donde vivimos nosotros también significa ir de un edificio a otro. Se me garantizó que tendría un tutor en todas las clases, pero no fue así. En clase de matemáticas le designaron una compañera que le hacía de tutora, pero como ella misma admite, le hacía todo el trabajo.

En otras clases, como cocina y mecanografía, se las tenía que arreglar solo. En las dos clases tenía la misma enseñante y en nuestras entrevistas con ella no hacía más que quejarse porque no realizaba los ejercicios previos a las clases de mecanografía. ¿Le había dicho alguien que los hiciera? No. La cocina no le interesaba mucho y ella se quejaba de que no hacía más que vagar por los pasillos. De alguna manera consiguió pasar el curso y, naturalmente, a causa de su edad le hicieron pasar al curso siguiente.

En noveno curso las cosas aún empeoraron más. La clase especial cambió de enseñante tres veces en tres meses. La última enseñante decidió que ni siquiera valía la pena que asistiera a clase y lo tenía barriendo los pasillos o entregando el correo. A él no le importaba. Es muy trabajador... hasta que los otros niños le preguntaron cuánto cobraba por barrer. Nada. Entonces empezaron a tomarle el pelo otra vez. Hacia noviembre ya tenía pensamientos suicidas. La escuela nos llamó y nos pidió que lo sacáramos de allí. Acababan de tener dos suicidios en la escuela y no querían otro.

Lo más positivo de todo esto fue que lo mandaron al hospital infantil donde le diagnosticaron el síndrome de Asperger. Enviaron varias veces un enseñante a casa durante el resto del curso, pero no aprendió mucho. Estuvo dos años sin ir a la escuela porque no sabía qué hacer con él. Hice que asistiera a clases de equitación para que, por lo menos, tuviera algo que hacer.

Cambiamos de domicilio y pude inscribirlo en un programa provincial para niños con autismo que se impartía en una clase de un centro local de secundaria. El problema era que estaba muchos menos discapacitado que el resto de los niños. Los niños más discapacitados le molestaban. Sabía que los otros niños de la escuela lo rechazarían porque iba a aquella clase. Los adolescentes pueden ser muy crueles.

Tuvo muchas experiencias de trabajo pero la mayoría eran cosas como limpiar la basura de la reserva ornitológica. Pedimos que lo enviaran a una granja pero lo único que consiguió fue limpiar los establos, cosa que hacía bien, aunque lo que él quería era trabajar con los caballos. La sociedad protectora de animales dejaba que él y otros niños pasearan los perros pero sin perder de vista el edificio. Creo que para él fue algo muy degradante. Tiene un «certificado de finalización de segunda enseñanza» porque asistió a la escuela hasta los 18 años. Pero la verdad es que no vale ni el papel en que está escrito.

Ahora recibe una pensión por invalidez y está sentado por ahí sin hacer nada en todo el día, ganando peso, sin amigos. Una vez por semana lo llevamos a una granja donde trabaja todo el día, lo que incluye trabajar con los caballos, y le pagan dejando que los monte un poco. En Servicios Sociales han sido incapaces de ayudarnos porque «no acaba de cumplir los requisitos». Nos pusieron en contacto con una oficina de orientación laboral donde le prometieron un trabajo reponiendo artículos en un supermercado. Le hacía mucha ilusión. Seis meses más tarde y después de haber trabajado como voluntario en una consulta veterinaria (otra vez barriendo suelos cuando se le había prometido que trabajaría con los animales) se nos dijo que era «demasiado arriesgado» que trabajara en el supermercado. ¿Por qué? Porque en la consulta veterinaria le pidieron que limpiara las ventanas y dijo que no. No sabía cómo hacerlo. Estoy seguro de que lo habría hecho si hubiera sabido cómo. Ayuda mucho en casa. Hace todo lo que se le pide.

Ésta es mi historia, por si sirve de algo. Acabamos de saber que tenemos la oportunidad de trasladarnos a Ontario el año que viene. Puede que no acabe consiguiendo un trabajo, pero como estaremos viviendo en la ciudad de Ottawa habrá más cosas que le puedan interesar y, por lo tanto, habrá más oportunidades de que por lo menos pueda salir más a menudo de casa por su cuenta. Lo puede hacer. Lo que ocurre es que no se le ha dado la oportunidad de desarrollar su potencial.

Muchos padres reconocerán su propia experiencia en esta historia que me fue enviada por un padre de Canadá. Todos nos podemos identificar con algunos temas, si no con todos:

- Un diagnóstico inadecuado o tardío.
- Una transición difícil de primera a segunda enseñanza.
- Un apoyo escolar inadecuado.
- Falta de conocimientos sobre el autismo entre el cuerpo docente.
- Falta de continuidad.
- Burlas e intimidaciones que conducen a la depresión y a largos períodos sin asistir a clase.
- Pocas oportunidades de empleo y la perspectiva de depender toda la vida de la asistencia social.

Otras historias similares comunicadas por padres del Reino Unido y de Estados Unidos indican que se trata de un problema muy extendido, que no se limita ni se debe a las peculiaridades del sistema educativo de un país concreto.

Naturalmente, no todos los casos son tan dramáticos. Muchos jóvenes con síndrome de Asperger tienen éxito en los estudios y encuentran profesiones adecuadas a sus capacidades. Pueden superar los problemas que otros no pueden vencer. Los muy afortunados encontrarán una pareja que los comprenda e incluso podrán llegar a ser padres con éxito. Sin embargo, parece que cuando a nuestros hijos las cosas les van mal, les van, en efecto, rematadamente mal. Si este libro contribuye a más historias que concluyen con éxito, habrá cumplido su objetivo.

3

Comprender el autismo

La naturaleza del autismo

Lo primero que se debe comprender acerca del autismo es que se trata de un trastorno del desarrollo que ejerce una influencia duradera en todos los aspectos del desarrollo social, lingüístico y cognitivo del niño. Es un trastorno orgánico del cerebro y es probable que tenga un origen genético. El carácter familiar del autismo está bien documentado (Frith, 1991). Puede que algún día sea posible identificar las claves genéticas que predisponen a una persona al autismo. Es probable que también haya factores medioambientales que puedan activar una tendencia genética, bien antes del nacimiento o durante los primeros años, antes de que el cerebro se desarrolle por completo. Trevarthen y otros (1999) mantienen que: «En casi todos los casos de autismo, y siempre que estén disponibles las técnicas adecuadas, se puede encontrar alguna anormalidad en el cerebro» (pág. 92).

Para complicar aún más las cosas, es probable que haya varios mecanismos distintos por los que los factores ambientales pueden activar estas tendencias del cerebro y que, para algunos de ellos, el momento de su aparición sea decisivo. Una eliminación ineficaz de toxinas, trastornos metabólicos, debilidad del sistema inmunológico, reacciones alérgicas... cada explicación tiene sus partidarios. Algunas pueden activar el autismo. Otras pueden exacerbar síntomas ya existentes. Hacen falta más investigaciones para diferenciar entre causas y efectos en la conducta de las personas con autismo.

No es un fenómeno psicológico temporal. Hubo una época en que la psicoterapia era la intervención preferida. Se creía que el autismo era el resultado de una mala crianza. El niño estaba traumatizado por unos padres distantes. Ya hace tiempo que esta teoría de la «madre gélida» ha sido rechazada. Ahora se admite que si los padres son distantes o raros en algún otro sentido, probablemente es porque comparten una predisposición genética a la conducta autista y no es infrecuente que un padre sea diagnosticado a consecuencia de la identificación de un trastorno del espectro autista en uno de sus hijos. Pero la costumbre persiste y con demasiada frecuencia se hace que los padres se sientan responsables de la conducta de sus hijos y el autismo se tiene por una excusa.

Tampoco es un trastorno de aprendizaje que se pueda subsanar. Los obstáculos a los que se tiene que enfrentar una persona con autismo son constantes. Terapias, fármacos, orientación, educación especial... todos pueden ayudar a la persona autista a superar estos obstáculos con más eficacia, pero no los eliminan. Con el tiempo, la persona autista puede convertirse en un experto corredor de vallas, pero en la carrera de la vida nunca conseguirá correr en terreno llano. A veces pienso que, sobre todo en el caso de las personas autistas más capaces, la clave de su éxito no es tanto nuestro esfuerzo por normalizar su conducta como su capacidad de aprender a salir adelante y a ser indulgentes con nosotros.

LA GAMA DE TRASTORNOS DEL ESPECTRO AUTISTA

La segunda cosa que debemos comprender es que se trata de un trastorno que abarca un amplio espectro. Se presenta como una gama de conductas de gravedad variable. Pero el trastorno neurológico subyacente es el mismo.

El autismo abarca una gama tan amplia de capacidades y discapacidades que tanto los padres como los profesionales se suelen sentir confundidos. Hay muchas etiquetas y criterios de diagnóstico distintos. Los niños que se encuentran en los extremos opuestos de este espectro pueden parecer tan diferentes que a veces es difícil creer que compartan el mismo trastorno. Y aunque sea así, ¿de qué sirve una etiqueta que abarca una gama tan diversa de problemas?

Las diferencias son abismales. Algunos no hablan nunca y a otros les gusta hablar largo y tendido sobre su tema favorito. Los hay que nunca aprenden las conductas de higiene personal y llegan a embadurnarse con sus excrementos, mientras que otros están obsesionados con la higiene y la limpieza. La mayoría de ellos padecen alguna dificultad de aprendizaje lo bastante grave como para justificar una intervención aunque no fueran autistas. Otros son profesores universitarios, programadores informáticos o empresarios de éxito. Los de tipo *savant* son conocidos gracias a películas como *Rainman*, pero la mayoría de las personas con autismo no poseen ningún talento especial que destaque por encima de sus restantes capacidades.

Esta gama de diferencias hace que las similitudes sean aún más sorprendentes. Todos comparten un trío de dificultades que afectan al lenguaje, la interacción social y la imaginación. Obsérvese bien que he empleado la palabra «dificultad». Con frecuencia se dice que las personas autistas *no* tienen emociones, *no* se interesan por otras personas, *no* tienen imaginación. Esto conduce al estereotipo de que viven en su propio mundo, sin comunicarse con los demás y sin interesarse por las necesidades ajenas.

Es necesario dejar muy claro que las personas con autismo están abiertas a toda la gama de emociones, pensamientos y sueños del ser humano. Pueden tener problemas en ciertos ámbitos de la vida a causa de sus dificultades, pero debemos recordar que estas dificultades, por muy raras que puedan parecer, no son ajenas a la condición humana. Cada rasgo del autismo tiene un equivalente reconocible en la conducta «neurológicamente típica» (NT), expresión para la que Martijn Dekker (1999) ofrece la siguiente explicación:

> Para no tener que usar el término «normal» con el fin de describir a las personas que no son autistas, los miembros de Autism Network International han ideado un nuevo término para designar a quienes no padecen trastornos neurológicos como el autismo: se trata de las siglas NT, correspondientes a la expresión «neurológicamente típico».

Este término ha tenido una gran aceptación en la comunidad autista de la red, que incluye a los padres de niños autistas. El término opuesto es AP, que significa «autistas y primos», o personas con autismo u otros trastornos afines.

Esta terminología es análoga a palabras similares de otras comunidades de discapacitados y, sin duda, puede ayudar a conformar una comunidad.

En las personas con autismo se encuentran atrofiadas ciertas características de la condición humana, mientras que otras están hipertrofiadas. Con frecuencia tienen dificultades para comprender el engaño, la crueldad y la doble moral que nosotros, por desgracia, damos por descontados en nuestra adaptación a la sociedad. Deberíamos equilibrar nuestro deseo de ayudar a las personas con autismo a adaptarse a nuestro mundo con una resolución igualmente firme de hacer que el mundo no les sea tan difícil. También deberíamos recordar que tenemos mucho que aprender de estas personas. Sus relatos sobre aprender a convivir con el autismo han ayudado mucho al progreso de la investigación académica. Matthew me dijo una vez: «Mis profesores piensan que saben más que yo del autismo porque han estado en un curso. ¡Pero yo he sido autista toda la vida!».

DEFINICIONES Y DIAGNÓSTICOS

La variada naturaleza del autismo ha llevado a los investigadores a identificar distintos síndromes dentro de su espectro. Situar a los niños en estos subgrupos puede ser difícil por dos razones principales. En primer lugar, el autismo es un trastorno del desarrollo. La manera en que se manifiesta cambia a medida que el niño crece y se desarrolla. Las intervenciones terapéuticas también contribuyen al cambio, por lo que un niño que durante su primera infancia cumple con los criterios del autismo de Kanner, al crecer puede dar señales de padecer el síndrome de Asperger. El autismo de Kanner describe el trastorno de los niños que presentan todos los rasgos clásicos del autismo desde pequeños, mientras que el síndrome de Asperger se aplica, en términos generales, a niños cuyos rasgos autistas son menos patentes y presentan una mayor inteligencia.

Kanner fue el primero en publicar un artículo describiendo el autismo en 1943. El artículo de Asperger de 1944 no se tuvo muy en cuenta porque lo publicó en alemán durante el Tercer Reich. Pero Asperger no era nazi. Hoy podemos advertir en sus escritos una tendencia a describir una imagen demasiado positiva de los problemas potenciales de las personas con autismo. Empleaba de una manera positiva la expresión «inteligencia autista» para explicar la genialidad. Según Frith (1989), esto «se debe ver a la luz de su ferviente creencia en el poder de la educación». También se debe ver a la luz de su deseo de salvar a sus pacientes de las cámaras de gas que esperaban a todas las personas que el régimen nazi consideraba deficientes.

En segundo lugar, en cuanto establecemos un conjunto de subgrupos siempre aparece algún niño que no encaja en ninguno de ellos, de ahí la etiqueta «trastorno general del desarrollo sin especificar». Hay tantas anomalías en el espectro autista que todas tienen su propio subgrupo. La expresión «autismo atípico» también la emplean algunos profesionales.

Estas dificultades se reflejan en las contradicciones de los criterios de diagnóstico de todo el mundo. La influyente American Psychiatric Association tiene sus propios criterios definidos en el DSM-IV. Existen diferencias sutiles con los criterios de la Organización Mundial de la Salud que se detallan en el ICD-10 y diferencias importantes con los criterios para el síndrome de Asperger definidos por el médico e investigador sueco Christopher Gillberg. Estos criterios de diagnóstico se reproducen en la mayoría de los textos clásicos. Recomiendo especialmente la explicación que los acompaña en el libro de Tony Attwood (1998), que se está convirtiendo con rapidez en el texto de referencia para el síndrome de Asperger.

Así pues, un niño con un retraso inicial del lenguaje que luego adquiere una buena capacidad verbal y realiza unos claros avances podría obtener alguno de los siguientes diagnósticos: síndrome de Asperger, autismo de alto funcionamiento, autismo atípico o trastorno general del desarrollo sin especificar, por citar los más comunes. Si sólo se presta atención a los problemas relacionados con el lenguaje, el especialista puede diagnosticar un trastorno semántico-pragmático caracterizado por dificultades con los aspectos cotidianos del significado y el uso de las palabras, a pesar de que el niño casi siempre rinda bien en las evaluaciones formales del lenguaje. Sus posteriores mejoras en relación con el lenguaje podrían hacer que el niño dejara de recibir este diagnóstico y años más tarde se le considerara como un alumno con problemas emocionales y conductuales.

Por esta razón, y sin dejar de reconocer la importancia de definir subgrupos de cara a la investigación, algunos médicos como Lorna Wing, madre también de un niño autista, son partidarios del concepto de un trastorno general en forma de espectro donde los rasgos en común sean tan importantes como las diferencias individuales (Wing, 1998). Ocurre que las personas con autismo o bien tienden al modelo de Kanner, con pocas aptitudes y un lenguaje limitado, o bien al modelo de Asperger, con unas aptitudes que van de típicas a superiores y un lenguaje menos limitado. Existen investigaciones que intentan determinar si en realidad hay o no muchos tipos de autismo (de manera parecida a las distintas formas de diabetes) donde un déficit común subyacente se exprese en dos o más síndromes claramente distintos.

Al margen de que esto sea así o no, es evidente que desde el punto de vista práctico existe una distinción. Históricamente hablando, la educación se ha organizado para satisfacer la gama normal de necesidades y capacidades mediante la escuela típica y, al mismo tiempo, ha establecido departamentos o centros diferenciados para satisfacer necesidades especiales. En general, los alumnos que tienden a acercarse al modelo de Kanner se encuentran en estas clases o centros especiales. Los alumnos que se acercan más al tipo de Asperger suelen asistir a clases normales.

Mientras no podamos abordar el diagnóstico con una precisión mayor, será importante recordar que la mayoría de los diagnósticos son descripciones y no explicaciones. Son respuestas a preguntas planteadas previamente. Algunos profesionales con unas pautas de pensamiento rígidas y una obsesión con el significado literal de las palabras (¿suena familiar?) insisten en la idea de que las respuestas de sus manuales de diagnóstico son las únicas posibles y no aceptan las preguntas adicionales que plantean nuestros hijos.

4

Diagnóstico

DIFICULTADES DEL DIAGNÓSTICO

Aunque el autismo tiene un perfil diagnóstico definido con bastante claridad en función de las conductas observables y de la historia evolutiva, es frecuente que los padres tengan dificultades para obtener un diagnóstico. En parte esto se debe a la falta de conocimientos de muchos profesionales. Algunos de los especialistas clínicos que deben realizar el diagnóstico finalizaron su formación en una época en que el autismo ni siquiera estaba incluido en los manuales de diagnóstico o se clasificaba dentro de la esquizofrenia. Otros pueden conocer con detalle el autismo de Kanner, pero tener una imagen muy vaga del síndrome de Asperger. Nuestra propia especialista en psiquiatría reconoció sin problemas sus propias dudas e incertidumbres sobre el diagnóstico antes de enviar a Matthew a un centro de diagnóstico especializado. Pero no siempre es fácil para los profesionales admitir las lagunas de su conocimiento o de su experiencia, sobre todo a causa de la omnisciencia que les atribuyen sus pacientes y el público en general.

También ocurre que los especialistas clínicos tienen pocos alicientes para dar un diagnóstico si no pueden ofrecer tratamiento. Cada vez hay más intervenciones terapéuticas que pueden remediar una gama de problemas relacionados con la dieta, la sensibilidad al sonido, la defensión táctil, etc., además de trastornos anexos como el trastorno obsesivo compulsivo. Sin embargo, muchos padres se encuentran con que el diagnóstico se considera una cuestión médica pero la intervención es básicamente educativa.

A los padres nos gustaría que se establecieran protocolos médicos para comprobar las posibles reacciones adversas al gluten y a la caseína, para medir infecciones provocadas por levaduras y para comprobar los niveles de toxinas. Nos gustaría saber si nuestro hijo tiene algún fallo en el sistema inmunológico que requiera precaución ante los programas de vacunación normalmente benignos que tan comunes son en Europa y en Norteamérica. Queremos saber si algún trastorno metabólico agrava el autismo de nuestros hijos provocando un desequilibrio en sus niveles de vitaminas y de oligoelementos. ¿Debemos limitar su consumo de ciertos alimentos o usar suplementos dietéticos para compensar deficiencias vitamínicas? La investigación en todas estas áreas continúa. Los resultados no van a desembocar en una cura. Pero si fuera posible responder a preguntas como éstas cuando un niño se presenta en busca de diagnóstico, unas intervenciones médicas o terapéuticas relativamente simples y baratas podría aliviar mucho sufrimiento innecesario. Si podemos tratar su intolerancia a ciertos alimentos, sus trastornos metabólicos o su hipersensibilidad a factores ambientales, el niño autista responderá mejor a las terapias e intervenciones educativas ya existentes.

Esperamos el desarrollo de equipos multidisciplinarios que puedan ofrecer un paquete completo de diagnóstico y de evaluación además de recursos adaptados a las necesidades de nuestros hijos. Esto requiere cooperación entre los distintos organismos responsables de la salud, la educación y la asistencia social, cosa que no es fácil de conseguir. Por ejemplo, en el Reino Unido no siempre se da una coincidencia entre los límites de las autoridades sanitarias y las autoridades educativas locales. ¡Mi propio distrito escolar abarca más de una zona sanitaria, mientras que mi zona sanitaria sirve a dos distritos escolares diferentes! Muchas personas que me han escrito desde Estados Unidos se quejan de un problema distinto. Allí, la asistencia social está garantizada por la legislación federal. Pero los servicios varían de un Estado a otro y acceder a ellos suele depender de cómo se interpreten los términos del seguro médico.

UN INDICADOR, NO UNA ETIQUETA

En el Reino Unido, los aspectos éticos de etiquetar a los niños han sido objeto de un prolongado debate que por lo menos se remonta al

Warnock Report on Special Needs (DES, 1978) y que se refleja en frases como «continuo de necesidad», «cada niño es especial» o «ante todo, las personas». Como profesional del campo de la educación especial esto también ha influido en mí. Etiquetas que pretenden describir necesidades educativas como DAG (dificultades de aprendizaje graves) y DAGM (dificultades de aprendizaje graves y múltiples) no se deberían emplear para etiquetar a un niño. Yo siempre escribo «niño que presenta dificultades de aprendizaje graves y múltiples» en lugar de la expresión abreviada «niño con DAGM», que sólo está a un paso de la etiqueta «niño DAGM».

Esto ha provocado cierta resistencia a atribuir a los niños etiquetas como la de «autista». Saber que un niño es autista no ofrece necesariamente al enseñante ninguna pista sobre sus necesidades educativas. En realidad, la opinión pública abriga tantos conceptos erróneos sobre el autismo que la palabra misma acaba por ser inservible. El enseñante cuyas únicas nociones del autismo se basen en películas como *Rainman*, ¿cómo actuará con un alumno autista que no tenga capacidades de *savant* y al que no le entren en absoluto las matemáticas? Si está familiarizado con los diseños arquitectónicos de Steven Wiltshire, ¿qué pensará del niño con autismo que ni siquiera pueda sostener un lápiz para escribir su nombre?

En nuestro caso, los responsables del distrito escolar dijeron que no les hacía falta ningún diagnóstico para identificar las necesidades educativas especiales de Matthew. Esta postura es admirable tal como están hoy las cosas. Estas autoridades no se van a dejar influir por los diagnósticos médicos y mirarán más allá de cualquier etiqueta para identificar las necesidades individuales de cada niño.

Los psicólogos educativos han pasado de etiquetar a los niños a describir sus necesidades. Existen métodos para abordar sus dificultades con el lenguaje y sus problemas de lectura, darles apoyo conductual, etc., y se les evalúa para asignarles recursos. Pero si no hay servicios para «autistas», ¿para qué sirve entonces la etiqueta? Y si existen recursos para apoyar el aprendizaje de todos sus componentes, sin duda bastará con identificar estas necesidades individuales y satisfacerlas.

Todo esto suena muy convincente salvo por el hecho de que muchas personas con autismo afirman que negarles esta etiqueta equivale a negar una parte válida de su identidad. También se ha establecido que la precocidad en el diagnóstico y la intervención ofrece más esperanzas de un resultado positivo y que las formas más eficaces de intervención son de carácter educativo. Aunque todos los niños son diferentes —y puede que no haya una gama de diferencias más amplia que la del espectro autista— también es cierto que todos los niños con autismo comparten en mayor o menor medida los rasgos siguientes:

- Resistencia al cambio.
- Apego a la rutina.
- Ingenuidad social.
- Rigidez de pensamiento.
- Interpretación excesivamente literal del lenguaje.
- Tendencia a la obsesión y a convertir las rutinas en rituales esenciales que se deben repetir hasta el último detalle.

Sin duda, saber esto y comprender que las dificultades sociales y lingüísticas de un niño tienen una raíz orgánica es de gran ayuda para diseñar intervenciones que conduzcan a mejorar el lenguaje y la conducta social.

La mayoría de los niños con síndrome de Asperger asisten a clases normales. Puesto que su retraso en el lenguaje no es especialmente manifiesto, puede que no sean diagnosticados hasta que sus dificultades sociales provocan problemas de conducta, especialmente durante la pubertad. O puede que se les identifique alguna necesidad especial. Cuando Matthew tenía 3 años era un niño «de capacidad media con graves dificultades para usar y comprender el lenguaje hablado». Cuando tenía 10 esto se transformó en «graves dificultades emocionales y conductuales con dificultades moderadas de lenguaje». Un profesional nos dijo que era «un caso único». Por último, se le diagnosticó autismo cuando tenía 12 años.

Mi experiencia con los padres y las personas con autismo que emplean Internet para participar en grupos de noticias y listas de correo dedicadas a este trastorno indica que esta experiencia es muy corriente. No hay ninguna razón para creer que las cosas hayan ido mejor a quienes no tienen acceso a Internet.

NUESTRAS EXPERIENCIAS

Es muy frecuente que no se haga caso de los temores de los padres o que no se tomen en serio:

> Cuando tenía 4 años nos dijeron que lo consentíamos demasiado. A mi hijo, que ahora tiene 23 años, finalmente se le diagnosticó el síndrome de Asperger cuando ya tenía 20.

> Cuando Eli tenía unos 14 meses de edad me preocupaba el hecho de que aún no hablara. Las únicas palabras que decía eran «mama» y «dodo» (donut). Cuando se lo comenté al pediatra que tenía entonces simplemente me dijo: «Mire, yo de usted no me preocuparía. Cada niño avanza a su propio ritmo...». Se le diagnosticó como «terco» (el doctor dijo que ya hablaría cuando estuviera preparado... ahora ya tiene cuatro años y medio... al parecer aún no está preparado o, simplemente, es extremadamente «terco»).

> Ayer hablé con una madre que me dijo que ella y su marido también habían recibido un diagnóstico. Muchas veces, al principio, cuando notamos por primera vez que el niño tiene problemas, se nos trata con cierto desprecio. En el historial del niño habían escrito: «Madre histérica. Imagina que al niño le pasa algo».

Ésta es una situación potencialmente peligrosa para la familia, sobre todo si el veredicto cambia de «imaginar» a «inventar» o «inducir». Éste es el último giro de la vieja historia según la cual nosotros, los padres, somos los responsables del autismo de nuestros hijos: ahora se dice que nos lo inventamos a propósito. Esto es un verdadero problema para los padres de niños autistas de alto funcionamiento que no presentan ningún problema grave durante los primeros años. Como estos ni-

35

ños autistas suelen desarrollar una imagen pública que se desmorona en la seguridad de su entorno familiar, lo normal es que sólo los padres se den cuenta de su conducta autista. Si insistimos en buscar ayuda para niños que se esfuerzan al máximo en parecer normales ante los demás, a veces no sólo no se nos cree, sino que también se nos puede acusar de inventar deliberadamente los síntomas de nuestros hijos cuando aparecen. Existe un grave trastorno mental conocido como «síndrome de Munchausen por poder» en el que los padres intentan deliberadamente que sus niños parezcan enfermos para provocar compasión en los demás. Algunos padres de niños con autismo se han encontrado con que se les acusaba de padecer este síndrome. Esta cuestión se expondrá con más detalle en el próximo capítulo.

Luego se encuentran los planteamientos que nos recuerdan el antiguo debate sobre la dislexia. ¿Era la dislexia algo real o era simplemente un síndrome «de clase media»? Durante muchos años hubo una gran polémica sobre la razón de que muchos niños aparentemente inteligentes tuvieran dificultades en la escuela. Los padres de clase media no admitían que se les diera largas. Querían saber cuál era el problema. Los críticos respondían diciendo que no había problema alguno y que estos padres, simplemente, no podían aceptar que en su familia hubiera alguien que no «sirviera para los estudios». El hecho de que hubiera una cantidad desproporcionada de niños con dislexia de clase media otorgaba cierta veracidad a esta postura.

Como escribió un padre:

> ¡Lo que de verdad nos molestó fue que el psicólogo educativo del distrito nos dijera que a nuestra hija no le pasaba nada, que simplemente no era muy inteligente y que éramos unos padres de clase media que no podíamos aceptar que nuestra hija no sirviera para estudiar! Ahora acaba de obtener una licenciatura en arte y diseño en la escuela de bellas artes de Chelsea.

La realidad es bastante diferente. El rendimiento bajo en los estudios y las dificultades sociales y personales es algo que prácticamente se espera de las comunidades desfavorecidas, que son vistas como víctimas de su entorno. Es más probable que se emprenda la búsqueda de una causa si los afectados son ricos o cultos. Pero esto no significa que la incidencia global sea mayor entre las clases medias. Simplemente ocurre que las personas pertenecientes a las clases más bajas tiene más probabilidades de recibir un diagnóstico erróneo o de no recibir ninguno. Pueden quedarse enredados en la trampa de la discapacidad, al estilo de: «Somos tan pobres que no nos podemos permitir el lujo del autismo en nuestra familia. Simplemente, somos duros de mollera».

Puede ser difícil conseguir un diagnóstico exacto:

Parece que hay algo pero no sabemos con certeza qué es. Empezó a los 8 años de edad y se le diagnosticó oficialmente el síndrome de Asperger a los dieciocho y medio (ahora tiene 20). Entre tanto ha sido:

«Una reacción a la pérdida de audición» (tenía un oído tapado).
«Una dificultad con los niveles superiores de procesamiento del lenguaje.»
«Algún tipo de disfasia.»

y, por último,

«Probablemente sea un síndrome de Asperger límite aunque no lo pondré por escrito porque las autoridades del distrito la enviarían a una escuela inadecuada».

Incluso los niños que presentan todos los síntomas clásicos del autismo pueden recibir un diagnóstico erróneo:

Ahora tiene 15 años y justo empieza a hablar. Aparece en la serie de psicología de la Open University como el niño que se balancea hacia delante y hacia atrás ante *Postman Pat* [serie inglesa de dibujos animados]. La película lo presenta como un niño clásico del tipo Kanner.

Cuando tenía tres años y medio uno de los principales hospitales de Londres llegó a la conclusión de que: «Su madre reconoce que presenta un retraso en el desarrollo, quizá equivalente a los 18 meses de edad. Y temo que incluso así peque de optimista porque muestra una ausencia prácticamente total de cualquier capacidad aparte de las puramente sensoriomotrices. En cuanto a su desarrollo interpersonal, se parece más a un niño de 9 meses con un fuerte apego a su madre y una conciencia de los extraños bien desarrollada. No ha presentado ningún indicio de rasgos autistas durante el período que ha estado con nosotros».

Bien, el hecho es que tuvo que ser arrastrado hasta el tren que iba a Londres y luego, por medio de transporte público, hasta una clínica ruidosa y llena de gente. ¡No es de extrañar que mostrara un fuerte apego a su madre!

A veces se produce una confusión de etiquetas.

Parece que los diagnósticos que hoy están de moda en nuestra zona son: autismo atípico, trastorno compulsivo obsesivo, tendencias autistas y trastorno social y de comunicación. Conozco a un niño que ha sido etiquetado como «autista atípico con trastorno semántico pragmático, retraso del lenguaje, retraso global del desarrollo y dispraxia». ¡¡No diré la asistencia y los recursos que las autoridades escolares le han ofrecido porque aún son más espantosos que la etiqueta!!

El primer psicólogo al que lo llevé, escribió un diagnóstico como éste, tomado del DSM-IV:

«Trastorno mixto receptivo-expresivo del lenguaje.
Trastorno fonológico.
Trastorno del aprendizaje.
Otros síntomas (déficit de procesamiento fonológico; recuerdo de palabras).
Trastorno general del desarrollo sin especificar.»

Este primer diagnóstico me dejó totalmente confundido.

El segundo diagnóstico fue: «Disfasia grave con algunas características compulsivas y ansiedad de carácter secundario, aunque sin autismo ni PDD».

El tercer diagnóstico fue: «Autismo».

El cuarto diagnóstico, hecho por las mismas personas que el tercero, fue: «Leve trastorno general del desarrollo sin especificar».

Si aceptamos que el diagnóstico es un principio, un indicador que nos dirige a nosotros y a nuestros hijos hacia la obtención de una asistencia adecuada, está claro por qué tantos de nosotros hacemos todo lo posible por conseguir el indicador correcto. En su ausencia, el niño seguirá siendo etiquetado, pero tal vez con una etiqueta errónea que apunte en una dirección incorrecta. Se han dado casos de adultos a los que se les han diagnosticado enfermedades mentales cuando en realidad eran autistas. Aunque esto es menos probable que ocurra hoy en día, las experiencias que he citado indican que muchos padres de niños con autismo sufren una retahíla de diagnósticos erróneos, a veces trágicos y a veces divertidos, pero siempre frustrantes.

Esta confusión retrasa la intervención adecuada y hace que para los padres sea más difícil aceptar el diagnóstico y sus consecuencias. El libro de Lorna Wing (1998) contiene un útil capítulo sobre los problemas a los que se enfrentan los padres. Necesitamos tiempo para hacernos a la idea y asimilar la gama de emociones que estas noticias pueden provocar. Según Baron-Cohen y Bolton (1993), estas emociones incluyen una sentimiento de pesar parecido al que provoca la muerte de un ser querido, además de negación, ira y sentimientos de culpa. La incapacidad de reconocer estas emociones puede provocar problemas psicológicos en el futuro, desembocar en problemas matrimoniales e influir negativamente en las relaciones con otros niños de la familia.

Lo que no siempre se comprende es que los jóvenes con autismo también son capaces de tener estos sentimientos. Y a causa de su característica franqueza no son nada reacios a compartirlos. Sienten culpa y remordimiento por una infancia «perdida» o «desperdiciada»; acusan y castigan a sus padres por haberlos tenido; sienten rabia y frustración hacia un mundo que, siendo tan tentador por su cercanía, les está vedado. Todas estas respuestas son posibles y, normalmente, los familiares más cercanos son los más castigados. Sin embargo, no todo es rabia e ira.

Quizá el momento más doloroso para nosotros fue cuando Matthew nos dijo: «Lo siento. Me gustaría haber podido ser el hijo que nunca habéis tenido».

5

Conflicto y colaboración

Los padres queremos un diagnóstico precisamente porque creemos que indicará el camino hacia una atención adecuada. Pero cuando hemos superado todos los obstáculos para obtenerlo descubrimos que los servicios a los que podemos acceder son muy escasos. En ese momento somos especialmente vulnerables.

Los grupos locales de apoyo, los teléfonos de ayuda e Internet han proporcionado autoayuda, consejo y guía a los padres de niños con autismo y también a muchos jóvenes autistas. Los grupos de apoyo también han demostrado tener un valor incalculable para los hermanos, que tienen que aceptar una discapacidad que confunde a muchos adultos y que luego deben explicar a sus amigos.

Si los padres tienen la suerte de vivir cerca de algún gran centro de diagnóstico vinculado a una universidad, pueden recibir ayuda para aceptar el diagnóstico, aprender los cuidados que deben prestar y orientarse en el laberinto de leyes sobre asistencia y educación que afectan a su hijo. El trabajo en grupo con hermanos que se realiza bajo los auspicios de la Robert Ogden School, anteriormente la Storm House School, que forma parte de la National Autistic Society y tiene su sede en South Yorkshire, Inglaterra, es de inmenso valor.

Si esta gama de servicios estuviera disponible para todos, es probable que se pudiera autofinanciar a medida que fueran disminuyendo las solicitudes de servicios psiquiátricos y sociales por parte de las familias afectadas. Además, el niño con autismo recibiría una intervención anterior y más positiva, mejorando su pronóstico y reduciendo aún más el lastre de los gastos a largo plazo en asistencia y educación.

No hay dos personas que respondan exactamente de la misma manera, aunque muchos padres experimentan emociones similares. A veces nos quedamos estancados en unas ideas concretas. Hay dos tendencias muy definidas: los padres *preocupados* y los padres *luchadores*.

Los padres preocupados no pueden superar la sensación de culpa. Quieren saber por qué su hijo es autista. ¿Ha sido por su culpa? ¿Existe alguna cura o terapia que pueda ayudar a su hijo y que aún no hayan probado? Cada vez que los medios de comunicación anuncian a bombo y platillo otro «gran avance» en el tratamiento del autismo, la presión que sufren va en aumento.

Estos padres se encuentran constantemente con pruebas anecdóticas de que ciertas dietas, vitaminas y fármacos pueden ayudar a algunos niños en algunos aspectos de su enfermedad. Por otra parte, sus amigos y parientes siempre oyen hablar de curas e intervenciones milagrosas que suelen ser muy caras y sólo se encuentran en el otro extremo del planeta. ¿Por qué no inviertes el fondo para los estudios universitarios de tus otros hijos y tu propia pensión para curar a tu hijo? ¿Es que no lo amas lo suficiente? ¿O es que, en el fondo, no es tan autista? ¡Grrrr!

Los padres cuyo hijo presenta graves trastornos alimentarios o de sueño, autolesiones o conducta destructiva y rabietas o prolongados períodos de angustia, y que reciben poco o ningún apoyo o consejo profesional que realmente beneficie a su hijo, probarán cualquier cosa. A falta de investigaciones serias que ayuden a determinar qué intervenciones valen realmente la pena, buscan algo de credibilidad entre los granujas y charlatanes que anuncian sus elixires milagrosos.

La National Autistic Society ha publicado un folleto en el que se describen más de cuarenta tratamientos diferentes; algunos son dietéticos, médicos o educativos y otros son simplemente inverosímiles, pero la mayoría son dignos de atención (National Autistic Society, 1997). Sin embargo, hay muy pocas personas a las que los padres puedan acudir en busca de guía. En el Reino Unido, a los padres que se acercan a sus centros sanitarios locales en busca de terapias «alternativas» se les suele considerar excéntricos. En Estados Unidos, estos tratamientos están mucho más disponibles siempre que nuestra compañía aseguradora esté dispuesta a cubrirlos. En consecuencia, los padres preocupados tienen que hacer frente al dilema de tratar con una clase médica poco comprensiva o de vivir con la culpa de pensar que no hacen lo suficiente por su hijo. Esta clase de dilema puede provocar pasividad, rencor y una amargura dirigida hacia otros padres más enérgicos que deberían ser sus aliados naturales, aumentando así la sensación de aislamiento.

RESPUESTAS DE LOS PADRES LUCHADORES

Los padres luchadores son la otra cara de la moneda. Se proponen obtener lo mejor que puedan encontrar para su hijo autista. Tienen sus derechos y si hay algo que quede por hacer habrá alguien que pague por ello. No hay nada malo en tratar de conseguir lo mejor para nuestros hijos siempre que no perdamos el norte. Mi propia trayectoria de preocupado a luchador estuvo alimentada por la sensación de culpa de no ser lo suficientemente enérgico y acabé compensando en exceso esta actitud y pasando a una postura de total confrontación. Mirando hacia atrás, a veces parece que me preocupaba menos lo que era mejor para mi hijo que mi deseo de ir a por el burócrata anónimo al que culpaba de todos nuestros males.

CRISIS Y CONFLICTO

Es fácil ver cómo puede ocurrir esto. Los padres se dan cuenta de que a su hijo le pasa algo pero nadie hace caso de sus temores. Leen un artículo sobre el autismo y reconocen a su hijo en él. Investigan al respecto. Importunan a las autoridades. Se convierten en un problema que hay que resolver mientras se soslayan las necesidades del niño.

Esto es una consecuencia directa de la ignorancia de los profesionales. No entienden que un niño con síndrome de Asperger tal vez no presente dificultades en casa o en la escuela durante mucho tiempo y que en el mundo más bien estable de la infancia un niño autista inteligente puede desarrollar reglas de conducta y guiarse por ellas. Se sabe que los niños pequeños tienden a guiarse por las normas y que tienen un sentido muy arraigado de lo que está bien y de lo que está mal, basado en una rígida aplicación de las mismas. Esto encaja muy bien con el autismo. Gran parte de la enseñanza se ocupa de la adquisición de conocimientos. Unos hábitos de trabajo diligentes y una buena memoria para los hechos, junto con un interés por los adultos y una capacidad precoz para el lenguaje, también son características comunes en algunos niños con autismo, aunque no en todos. Si un niño con síndrome de Asperger posee estas características y no tiene ningún problema motor o sensorial evidente, puede pasar desapercibido durante mucho tiempo.

Pero las exigencias del sistema cambian a medida que se hacen mayores. El acento pasa de la memorización y la conducta regida por reglas a indagar y comprender, elegir en el terreno moral, rebelarse, modificar reglas y cambiar la dinámica del grupo de compañeros. Por encima de todo, se producen unos cambios psicosexuales y hormonales, el crecimiento se dispara, su cuerpo cambia y tienen pensamientos y deseos hasta ahora desconocidos.

Otra característica del autismo es que los niños suelen mantener una frágil calma exterior en público para enmascarar su agitación interior. Pueden sobrevivir en la escuela, comportándose aparentemente bien y sacando buenas notas, pero en casa se desmoronan y presentan todos los problemas que sólo los padres ven. Un joven me dijo:

> Desde que entré en el instituto he ido perfeccionando mi «aspecto exterior». Parezco una persona normal y reconozco cualquier emoción (bueno, casi cualquiera) sin pensar. Vuelvo loca a mi madre con mi mal genio y mis groserías. Es difícil mantener las apariencias todo el día y lo dejo cuando llego a casa. No es muy agradable estar conmigo cuando he apagado «el modo sociable», pero lo enciendo en cuanto se me acerca alguien, salvo si es mi madre. Supongo que mi madre es la única persona (aparte de yo mismo, claro) que padece mi síndrome de Asperger.

Aquí tenemos a un adolescente que se comporta de una manera estrambótica en casa. Sus padres no saben qué más hacer. En la escuela o bien les dicen que no hay ningún problema o bien identifican un cambio súbito e inexplicable en su conducta escolar. En un entorno de prueba estructurado, a solas con el psicólogo, sin ninguna distracción ni la presión de sus compañeros, el alumno obtiene unos resultados brillantes.

Entonces, ¿cuál es el diagnóstico? «Debe ser autismo» —o bien— «Es culpa de los padres.»

Con demasiada frecuencia se da el segundo diagnóstico cuando se debería dar el primero. Algunos padres se han encontrado en situaciones muy injustas. En nuestra batalla con las autoridades es probable que muchos obtengamos una puntuación elevada en un perfil como el siguiente (mis comentarios están entre paréntesis):

- Suelen ser personas educadas de clase alta (*los padres cultos y educados suelen tener más capacidad para obtener servicios de un sistema con el que no es demasiado fácil relacionarse*).
- Hacen gala de una calma inusitada en vista de los desconcertantes síntomas médicos de la víctima (*todos sabemos que la tensión empeora la condición de nuestros hijos*).
- Aceptan pruebas médicas que son dolorosas para el niño (*sólo si son necesarias*).
- Elogian excesivamente al personal médico (*¡sólo si es bueno y comprende el autismo!*).
- Parecen saber mucho sobre la enfermedad de la víctima (*tenemos que saber mucho sobre nuestros hijos, como muy pocas otras personas*).
- Tienen algunos conocimientos médicos, adquiridos mediante una formación formal o autodidacta, o por medio de la experiencia (*he tenido que aprender algunos materiales médicos básicos para evaluar teorías y terapias contradictorias para el autismo*).
- Pueden tener un historial con la misma enfermedad que la víctima (*el autismo tiene un componente genético*).
- Normalmente protegen a la víctima de actividades externas, como la escuela o jugar con otros niños (*he sacado a mi hijo de la*

escuela para proteger su salud mental. Muchos padres enseñan a sus hijos en casa porque la escuela no sabe tratarlos).

- Sólo permiten que ciertas personas se acerquen a sus hijos (*sí, los que conocen bien el autismo*).
- Están muy pendientes de la víctima (*algunas personas con autismo se benefician de una atención constante, las 24 horas del día. La mayoría suplimos de este modo las carencias de los servicios disponibles*).
- Cuando el niño es hospitalizado parecen sentirse halagados por los elogios del personal hacia su aparente capacidad para cuidar bien a sus hijos (*¿o sea que respondemos bien cuando los profesionales alaban nuestra capacidad como padres? ¡Esto sí que es una novedad!*).

Por desgracia, ¡esta lista procede de un perfil del «síndrome de Munchausen por poder» elaborado por el FBI! (Artingstall, 1995).

El síndrome de Munchausen por poder (SMPP) es un grave trastorno en el que la persona que cuida al niño, que casi siempre es la madre, inventa o incluso induce síntomas en su hijo para obtener un tratamiento médico que, en algunos casos, puede producir daños físicos o psicológicos o incluso la muerte. Es una forma de maltrato infantil y, aunque sus causas no siempre están claras, es evidente que los perpetradores son víctimas de su propia alteración mental y que probablemente obtienen alguna satisfacción de la atención y la compasión que despiertan como cuidadores del niño «enfermo». Suelen elegir a sus víctimas con gran cuidado:

Estas personas buscarán posibles víctimas que no puedan comunicarse y que, en consecuencia, no puedan negar los síntomas ni puedan quejarse de los intentos deliberados de inducírselos. La víctima también puede ser un niño dispuesto a cooperar en el engaño fingiendo alguna discapacidad. En consecuencia, los niños pequeños con trastornos del desarrollo como el autismo pueden ser las víctimas ideales de este tipo de conductas (Connor, 1999).

Esto es muy importante. Los problemas de comunicación y de comprensión social hacen que todos los niños con autismo sean vulnerables a estos abusos. Los escándalos de abusos relacionados con centros de asistencia y escuelas especiales se ajustan a la tendencia de los potenciales afectados a buscar un empleo que les dé acceso a niños vulnerables. Para cualquier padre es una pesadilla que su hijo pueda sufrir abusos y sea incapaz de comunicarlos. Pero de ello no se desprende que si un niño es más vulnerable al abuso, sus padres tengan más probabilidades de ser delincuentes.

Para algunos padres es una triste ironía que, al buscar un diagnóstico de autismo para sus hijos —un trastorno neurológico reconocido por la Organización Mundial de la Salud y la Asociación Psiquiátrica Estadounidense— se vean acusados de un síndrome que aún no ha sido aceptado por estas influyentes instituciones. Además, el «diagnóstico» de SMPP lo suele hacer personal no médico como policías o asistentes sociales basándose en un perfil de los padres que debe más a la psicología forense que a la práctica clínica. En lugar de atender a las necesidades del niño suponen que quienes tienen problemas son los padres e interpretan todos los indicios como pruebas de la enfermedad de éstos.

Judith Gould llamó la atención sobre el SMPP en la revista *Communication* de la National Autistic Society (Gould, 1998). Aunque no minimizaba el terrible problema del SMPP ni negaba que puede haber padres que hacen falsas afirmaciones sobre un supuesto trastorno autista, sí afirma claramente que en el primer caso el niño debe ser enviado a un profesional que comprenda el autismo. Concluye diciendo lo siguiente:

> Si al final de una cuidadosa evaluación se llega a la conclusión de que un padre u otra persona que cuide al niño ha inventado o provocado su conducta aparentemente autista, es necesario consultar la opinión de expertos independientes en este campo. Las consecuencias de un diagnóstico de SMPP son tan devastadoras para la familia que se deben tomar todas las precauciones para evitar cometer un error. La responsabilidad de echar a perder la vida de toda una familia no se debe tomar a la ligera.

Podemos ver una escalofriante confirmación de ello en el perfil del FBI antes mencionado, donde se dice que un 60 % de las madres acusadas de SMPP intentan suicidarse, incluyendo las que proclaman su inocencia. Sin embargo, no se nos dice la proporción de estos intentos que tienen éxito.

COLABORACIÓN

Los padres preocupados y luchadores pueden llegar a proteger excesivamente a sus hijos. A causa de ello, los niños pueden aprender a definirse a sí mismos en función de su enfermedad. Un ejemplo podría ser un niño con problemas de aprendizaje pero que alcanzara un nivel razonable de independencia en su vida adulta: si se le asigna el papel de enfermo puede aprender a representarlo a la perfección y siempre dependerá de otras personas para cosas que debería ser capaz de hacer solo.

Es fácil ver cómo puede ocurrir esto. Se dice a los padres que su hijo tiene un problema pero reciben muy poco apoyo para que asimilen la noticia. Para algunos, su hijo se convierte en su bebé permanente al que amarán y cuidarán por siempre jamás. Estos padres son muy bondadosos pero pueden impedir que el niño avance haciéndolo todo por él y echándolo a perder por completo.

Estos niños tienen una dificultad genuina y unos padres que quieren lo mejor para ellos. Lo único que necesitan los padres es un poco de guía y apoyo. A los profesionales no se les permite estar a solas con niños mientras no hayan finalizado su formación; en cambio, se espera que los padres de niños con necesidades especiales salgan adelante sin ninguna clase de formación. Como principales cuidadores de los niños deberíamos figurar de forma destacada en el presupuesto de formación de toda institución dedicada al autismo. Porque, si no podemos hacer frente a esta situación, estas instituciones tendrán que formar —y pagar— a alguien que nos sustituya.

Con frecuencia ocurre que una misma persona presenta aspectos del padre preocupado y del padre luchador. Estamos acostumbrados a vivir con ideas contradictorias. Sólo se produce una crisis cuando estas contradicciones se agudizan demasiado y hay muchos padres que sufren crisis de este tipo.

En consecuencia, quienes tratan con los padres deben tener presente que nosotros también tenemos unas necesidades especiales. El personal sanitario y educativo debería desarrollar un estilo «de cabecera», ser amable y ofrecer apoyo. Por encima de todo, lo que más necesitamos es honradez y sinceridad. Si no tenemos la asistencia necesaria porque el gobierno ha recortado los gastos y la autoridad no puede costear lo que es mejor para nuestro hijo, ¡que nos lo digan! Que no intenten hacer ver que pueden satisfacer sus necesidades con los recursos existentes cuando es evidente que no es así.

Los padres deseamos colaborar con los organismos profesionales para ayudar a nuestros hijos. Si el sistema necesita cambios, nosotros podemos provocarlos. No estamos sujetos a ningún protocolo profesional. Podemos buscar publicidad empleando métodos que tal vez no fuesen apropiados para un funcionario público o un empleado del Estado. Los padres preocupados y luchadores podemos hacer algo positivo si nos dedicamos a cosas que importan y si nos fijamos unos objetivos correctos. Podemos ayudar a los profesionales actuando donde ellos no pueden y humillando a los prepotentes.

Así pues, hago un llamamiento a los profesionales que tienen relación con los niños autistas.

Confiad en los padres de la misma manera que nosotros confiamos en vosotros cuando ponemos en vuestras manos el futuro de nuestros hijos. No nos tratéis con condescendencia, no nos rechacéis ni etiquetéis. Puede que no siempre sepamos qué es lo mejor para nuestros hijos. Pero tened por seguro que siempre queremos lo mejor para ellos.

6

Los hermanos

Para los otros niños de la familia no es fácil convivir con un hermano autista. La persona con autismo se esfuerza constantemente por comprender un mundo que debería tener coherencia y que parece carecer de ella. Impone orden donde no lo hay. Los accidentes no existen: es una perspectiva demasiado aterradora. Tienen una causa y alguien debe tener la culpa. Por desgracia, la infancia es muy propensa a los accidentes y casi siempre hay algún hermano a mano que acabará cargando con las culpas. Katie, la hermana de Matthew, tiene muchos recuerdos de este tipo:

> Una vez, mi hermano y yo estábamos jugando con un gran tren de juguete. Por aquel entonces yo apenas empezaba a andar. Matthew tenía 4 años. El tren tenía ruedas y era tan grande que nos podíamos sentar en él. Cuando Matthew se subió encima, el tren se rompió. Naturalmente, había sido por mi culpa aunque yo me encontraba en el otro extremo del pasillo esperando mi turno para subir.

Cargar con la culpa, sentirse molesto por ello, sentirse culpable porque él es autista y no puede evitarlo. Los hermanos tienen mucho que soportar. Con frecuencia se espera más de ellos y reciben menos compasión porque no son autistas. La hermana de Matthew tiene algo que decir al respecto:

> Ser el padre o tutor de un niño autista es duro. Ser su amigo, su hermano o las dos cosas también lo es. Y, claro, también lo es ser autista. Pero sea cual sea el grupo al que uno pertenezca, siempre habrá alguien que diga: «El que tiene problemas es él. ¿De qué puedes quejarte tú? No te

compadezcas tanto. Tu mamá/papá/hermano/hermana, etc., lo pasa mucho peor».

Lo que no comprende quien dice esto es que SI BIEN los problemas de uno pueden ser menores que los de otra persona, ello no significa que sean pequeños. Siguen siendo importantes y la única manera de superarlos es hablar de ellos con alguien. Si hablamos con alguien en quien confiamos, nos puede ofrecer un nuevo punto de vista y algunas soluciones. A veces es más fácil hablar con alguien ajeno a la familia, que no haya querido o no haya podido tomar partido.

La presión a la que se ven sometidos los hermanos no se debe subestimar. Puede que las conductas violentas recaigan sobre ellos y que sus propiedades y su intimidad se vean afectadas. Sobre todo los más jóvenes lo pueden pasar muy mal en la escuela si tienen que seguir a un pariente que sufre de Asperger y que ha adquirido la fama de ser raro o violento. La elección de un centro de secundaria por parte de mi hija estuvo muy condicionada por su comprensible deseo de ir a un instituto donde no se la conociera como «la hermana del chiflado». Aun así, en nuestro barrio se sabe que es su hermana y ello hace que sea presa fácil de algunos gamberros y bravucones que se vanaglorian de su supuesta «normalidad».

Una ventaja de ser el hermano menor de un niño con autismo es que no se conoce la vida sin él. Crecer junto a un hermano mayor que es autista «es» algo normal. Rituales extraños, padres en tensión permanente, noches en vela... ¿no es eso lo que le pasa a todo el mundo? Los hermanos mayores de un niño con autismo suelen recordar cómo era disfrutar de una vida familiar normal y les cuesta aceptar el cambio.

Pero esta carga es grande para todos los hermanos. Con demasiada frecuencia el sistema no atiende a sus necesidades. ¿De qué sirve diagnosticar dificultades emocionales y de conducta a un adolescente problemático si se omite el hecho de que no puede recordar la última vez que pudo conciliar el sueño sin que fuera interrumpido por la conducta ritual de su hermano autista? Esta cuestión se debatió en una reciente conferencia anual organizada por la National Autistic Society y el distrito escolar de Cumbria. Geoff Evans, de la Robert Ogden School, habló extensamente sobre su trabajo con los hermanos. Este texto, que es un excelente ejemplo de buena práctica profesional, se puede encontrar en la página web de Autism 99 (Evans, 1999).

Más cerca de casa, Katie se reunía con varias niñas de edad similar en un grupo de apoyo organizado por el departamento de psicología de nuestro hospital. Cuando este proyecto concreto llegó a su fin, las niñas mantuvieron su relación yendo juntas al cine y haciendo reuniones en casa, lo que normalmente suponía pizza, refrescos de cola y mucho apoyo y comprensión.

Sé que muchos padres intentan organizar grupos de juego para sus hijos con autismo. Si participamos en una asociación local, lo más probable es que encontremos a varios hermanos que también agradecerán la oportunidad de reunirse. Tener amigos que no rechacen la ingenuidad social de un hermano porque tienen en casa a alguien como él puede suponer una gran ayuda.

7

Los primeros años

Los niños con síndrome de Asperger, o autistas de alto funcionamiento, pueden seguir dos vías de desarrollo claramente definidas. Los hay que presentan todos los síntomas del autismo clásico durante la infancia y que mejoran con el tiempo. El impacto de su autismo puede disminuir a medida que aprenden a sobrellevarlo. Luego hay los niños cuyo autismo puede pasar inadvertido durante los primeros años. El impacto de su autismo aumenta con la edad, cuando ciertas diferencias sutiles pero fundamentales van adquiriendo más importancia a medida que el niño se desarrolla y madura. Naturalmente, estos arquetipos pueden presentar muchas variaciones.

Curas milagrosas

A veces se emplean niños del primer tipo como ejemplos de curas para el autismo supuestamente milagrosas que aparecen en los titulares durante algún tiempo para luego desaparecer. Lo que suele ocurrir es que un niño con el que era muy difícil establecer contacto de repente empieza a hablar, sostiene nuestra mirada, usa el baño o deja de autolesionarse. Los padres buscan una explicación: quizá un fármaco o un remedio compuesto por hierbas. Otros padres lo prueban y algunos obtienen un éxito parecido. El *Secretin* no es más que el último ejemplo de una larga serie de estas supuestas curas. A veces se da con algo interesante y se descubre un medio para aliviar algunos de los síntomas más debilitantes. El autismo inducido por alergia es un ejemplo (Kessick, 1999). Otras veces, la mejora se hubiera producido de todos modos. El autismo puede trastornar el desarrollo, pero el desarrollo se sigue produciendo. También ocurre que la identificación e intervención precoces son muy beneficiosas, tanto porque ayudan a mejorar la calidad de vida de la persona autista como porque reducen la necesidad de asistencia a largo plazo. Pero con frecuencia actúa un mecanismo muy sutil.

Los niños con autismo suelen vivir en un mundo muy caótico: el nuestro. Su incapacidad para compartir nuestra interpretación de la experiencia basada en el sentido común hace que impongan su propio sentido, muy poco común, de orden y de significado. Esto puede hacerles actuar de maneras totalmente contrarias a nuestra idea de una conducta adecuada. En consecuencia, les engatusamos, les amenazamos, les suplicamos y, en general, les respondemos de maneras que aumentan su confusión y les confirman su propia versión de la realidad. Parece que estamos locos y que no somos de fiar.

Entonces reconocemos su autismo y empezamos a cambiar. Seguimos unos programas más coherentes para guiar su conducta. Dejamos de castigarles por desobedecer. Perdemos nuestra sensación de ineficacia y frustración. Pensamos que ahora sabemos lo que ocurre y estamos más tranquilos y somos más predecibles. Podemos hacerles seguir una medicación o una dieta especial o hacer que les visite un terapeuta. Empezamos a perder nuestra sensación de culpa e ira y ya no la proyectamos inconscientemente en nuestros hijos. Y ellos empiezan a mejorar. ¡Qué sorpresa! Puede que aún sean autistas pero su autismo ya no es tan discapacitador y podemos disfrutar de nuestros hijos y enseñarles a que disfruten de nosotros.

También corremos el peligro de arrepentirnos de errores pasados y aumentar así nuestra sensación de culpa: «Si lo hubiera sabido... Ojalá no hubiera hecho eso...», etc. Nos tenemos que perdonar. Actuamos lo mejor que pudimos y a medida que aprendimos fuimos mejorando. Nadie nos puede pedir más.

Y recordemos que por cada «cura» que aparece en los titulares hay muchas personas que avanzan lentamente y sin hacer ruido. Padres e hijos se esfuerzan por conseguir pequeñas victorias aunque, para algunos, esas victorias sean desalentadoramente escasas. También debemos recordar que, en esta etapa, con frecuencia es imposible decir quién acabará obteniendo un doctorado y se convertirá en una próspera mujer de negocios, como le ocurrió a Temple Grandin, y quién seguirá necesitando cuidados y atención diariamente durante el resto de su vida.

La identificación de estos niños debería ser más sencilla ahora que el autismo se está incorporando a las dolencias infantiles que se diagnostican de inmediato. Pero los padres y los profesionales deben recordar que cuando una intervención provoca unas mejoras visibles, por muy espectaculares que puedan ser, ello no significa necesariamente que se hayan eliminado las causas ocultas. El niño inteligente con autismo que aprende deliberadamente a ser normal, sigue siendo un niño con autismo. Imaginemos lo devastador que puede ser el hecho de que cumplamos con nuestra parte del trato haciendo todo lo que podemos y que luego, cuando más lo necesitamos, se nos retire el apoyo porque nuestra conducta indica que ya nos hemos «curado».

Falta de diagnóstico

Los niños que tienen más probabilidades de no recibir un diagnóstico o de recibir un diagnóstico erróneo son los que parecen «normales». Puede que se les identifiquen unas dificultades concretas o que se les considere superdotados, pero su trastorno de espectro general se pasa por alto. En mi anterior planteamiento sobre el SMPP he mencionado algunas consecuencias perjudiciales de los diagnósticos erróneos para los padres. Las consecuencias para los niños cuyo autismo no se reconoce pueden ser perjudiciales por otros motivos. Todavía me pregunto qué habría pasado si... ¿Qué habría pasado si la enfermedad de Matthew se hubiera identificado antes? ¿Qué habría pasado si hubiéramos respondido correctamente a sus miedos y obsesiones? ¿Y si lo hubiéramos sacado antes de la escuela? ¿Habría crecido con un trastorno obsesivo compulsivo? ¿Habría sido víctima de los bravucones y desarrollado una fobia escolar? Sea cual sea la respuesta, no tengo ninguna duda de que su paso por la infancia habría sido más fácil. Y, a pesar de lo que escribí antes, perdonarse uno mismo es más fácil de decir que de hacer.

Una mujer joven que fue considerada superdotada pero rara durante la infancia me decía que en realidad el hecho de fingir ser normal la condujo a negar su propia identidad y personalidad. Pudo engañar durante un tiempo a sus compañeros y enseñantes, pero no pudo engañarse a sí misma. Sufrió una grave crisis de identidad durante la adolescencia y reunió un montón de diagnósticos y tratamientos psiquiátricos inadecuados antes de encontrar un psicólogo que entendía el autismo y que la ayudó a descubrir el camino de retorno a su propia identidad.

INTERVENCIÓN PRECOZ

¿Cómo podemos identificar a estos niños lo antes posible en lugar de hacerlo cuando es demasiado tarde? Al leer ahora los primeros informes sobre Matthew con la ventaja que da el tiempo, ciertos rasgos saltan a la vista:

- ¿Miran las cosas cuando se las señalamos?
- ¿Buscan la mediación de algún adulto cuando tratan con sus compañeros?
- ¿Nos toman de la mano y nos llevan en lugar de señalar lo que quieren?
- ¿Se quedan mirando indecisos en lugar de participar en el juego con otros niños?
- ¿Cuando juegan con un juguete parecen carecer de la espontaneidad y la euforia de otros niños?
- ¿A su habla le falta expresión o muestran variaciones irregulares en el tono o el volumen?
- ¿Tienden sus conversaciones a ser monólogos en los que hablan con demasiada seriedad?

Esto no es en modo alguno una lista exhaustiva de síntomas. Pero si hubiéramos tenido presente la posibilidad del autismo como una explicación de las dificultades de Matthew, podríamos haber dado a estos factores el mismo peso que a los indicios más claros de que sufría infecciones de oído y dificultades de audición.

A veces hay algo extraño, pero no lo suficiente para causar alarma o poner a los padres sobre aviso, sobre todo si es el primer hijo. Pero alguien de fuera (quizá un visitador sanitario o el responsable de un grupo de juego) puede notar algo que tal vez no sea suficiente para iniciar un procedimiento pero sí para que diga: «Vigilad a este niño».

Un problema al que todos nos enfrentamos es el de qué debemos decir. Este problema se nos plantea, sobre todo, cuando vemos ecos de nuestro propio hijo en otro niño pero sus padres no se dan cuenta de que algo anda mal. Sacar el tema demasiado pronto, cuando los padres no están preparados para la noticia, puede conducir al rechazo y a una pérdida de confianza y de amistad hacia nosotros. Dejarlo para más adelante puede suponer la pérdida de un tiempo precioso. Además, ¿qué ocurriría si estuviéramos equivocados?

Matthew se ocupó de este problema a su manera cuando se acercó a una extraña en un parque de Lake District y le preguntó: «¿Ya le han dado un diagnóstico a su hijo?». Se había reconocido en aquel niño y antes de que pudiéramos intervenir ya había explicado con todo lujo de detalles de qué iba el autismo a su desconcertada mamá. Por fortuna, la mujer ya era consciente de que había problemas y pudimos ayudar. La actitud y la conducta de Matthew le dieron ánimos para contemplar con esperanza el futuro de su hijo.

Un método menos caprichoso que el de Matthew es el que ofrecen iniciativas como el proyecto Early Bird y el CHecklist for Autism in Toddlers (CHAT). El método CHAT se está desarrollando actualmente para que lo usen los médicos de familia y los visitadores sanitarios. No es un instrumento de diagnóstico como tal, sino un sistema de detección precoz para alertar a los profesionales sobre la posible presencia del autismo a los 18 meses de edad:

> Es un cuestionario que deben rellenar los padres y un profesional de la asistencia primaria durante el examen del desarrollo correspondiente a los 18 meses de edad. Su objetivo es identificar a los niños con riesgo de padecer trastornos de comunicación social. Consta de dos apartados: los primeros nueve ítem son preguntas a las que los padres deben responder y los últimos cinco son observaciones por parte del profesional sanitario. Los

ítem clave se centran en conductas que, si están ausentes a los 18 meses de edad, indican que el niño puede padecer un trastorno de comunicación social. Estas conductas son: a) atención combinada, incluyendo señalar para mostrar y seguir con la mirada (por ejemplo, mirar hacia donde señala el padre) y b) juegos basados en fingir (por ejemplo, fingir que se vierte té con una tetera de juguete).

Este párrafo se ha tomado de la contribución de Sally Wheelwright a la página web de la National Autistic Society.

Early Bird es un proyecto de intervención para niños de preescolar que tienen un diagnóstico del espectro autista. Su objetivo es enseñar a los padres y a los profesionales maneras de desarrollar en estos niños las aptitudes para el juego y la comunicación. Los profesionales que trabajan con niños autistas reciben formación para poder ejercer a domicilio y trabajar con las familias. Evalúan las necesidades del niño y enseñan a los padres a comprender a su hijo y a trabajar con él.

Early Bird empezó como una iniciativa local de la sede de South Yorkshire de la National Autistic Society. Está basado en el programa Hanen de intervención precoz, que ayuda a los niños con dificultades de desarrollo a comunicarse por medio de un método centrado en las actividades familiares. El programa original de Hanen, desarrollado en Canadá, era inadecuado para los niños con autismo porque no tenía en cuenta sus dificultades específicas de comunicación. Según un informe publicado en *Communication* (Network News, 1999) el último programa del Centro Hanen, «More than Words», se ha diseñado para niños con trastornos del espectro autista. En lugar de trabajar en casa reúne a los padres en grupos pequeños que reciben cursos de formación de unos tres meses de duración, más o menos lo mismo que en el proyecto Early Bird. Los padres practican en casa las técnicas que han aprendido y las sesiones se graban en vídeo para que las puedan repasar individualmente con su tutor.

Otro programa popular de intervención precoz es el Applied Behavioural Analysis (ABA), desarrollado por el profesor Lovaas en Estados Unidos (Lovaas, 1980). Es muy intensivo y su aplicación con todos los detalles es muy costosa. Pero si se aplica de una manera adecuada es una técnica útil que funciona para algunos niños con autismo, aunque no para todos. Los padres deben contratar a un terapeuta ABA y normalmente reúnen un equipo de voluntarios para que ayuden en el programa de actividades cuidadosamente planificadas, que pueden ocupar hasta cuarenta horas por semana. Al final del libro, en «Direcciones y páginas web de interés», se ofrece información sobre diversas organizaciones españolas y de América Latina.

También existen programas centrados en el niño como el Stanley Greenspan's Floor Time (Greenspan, Weider y Simon, 1998) y el Intensive Interaction, un método de parecido carácter humanista desarrollado en el Reino Unido por profesionales descontentos con los efectos de la modificación de la conducta en marcos institucionales (Nind y Hewitt, 1996). Estos programas no son específicos para el autismo pero me gusta su filosofía según la cual la conducta no es un problema que se deba solucionar sino una actividad que tiene un propósito. Nuestra tarea es comprender este propósito, entrar en el mundo del niño y enseñarle medios más eficaces para cumplir ese propósito.

Es difícil comparar todos estos métodos porque se basan en enfoques psicológicos o filosóficos contradictorios. Si un método funciona con nuestro hijo, ¿quién dice que los demás no van a funcionar? Por otra parte, ¿qué padre va a cambiar un método que funciona por otro en aras de la investigación científica? Todos funcionan con un número suficiente de niños, por lo que todos son dignos de atención. Los padres tienen que averiguar cuáles están disponibles en su zona y decidir si se sienten cómodos con ellos. No importa a cuántas personas hayan ayudado; no importa lo espectaculares que sean los resultados de la investigación o las credenciales del terapeuta; si su instinto les dice «No», entonces es que el método o métodos en cuestión no son para ellos: si aun así intentan seguirlos, es probable que no funcionen porque no pondrán el entusiasmo necesario en su aplicación.

Por otro lado, si un método despierta nuestra confianza y hace que nos sintamos más seguros, lo aplicaremos de una manera firme y consistente. No nos interesarán los detalles de los debates académicos sobre su validez siempre y cuando funcione para nuestro hijo. Ésta es una lección importante para los servicios de asistencia. Es inevitable que entre estas personas e instituciones predominen uno o dos métodos. Siempre existe la tentación de hacer que el niño encaje en la asistencia disponible aunque no sea totalmente adecuada. Pero los niños con autismo son muy especiales en este aspecto y si un método no funciona para un niño deberemos cambiarlo sean cuales sean los inconvenientes administrativos o los costes económicos a corto plazo. Esta cuestión es aún más importante para los padres de niños de edad escolar.

8

Infancia

Una vez superada la anarquía de los primeros años de vida, los niños tienden a seguir las reglas escrupulosamente y no a la introspección ni a la abstracción, ni a abrigar sentimientos ocultos complicados. Lo que vemos es lo que hay. El niño autista de alto funcionamiento, mediante una observación cuidadosa y el empleo sensato de la lógica y el intelecto, puede adivinar las leyes no escritas de la infancia y, aunque tal vez no siempre las comprenda, puede predecir bastante bien lo que van a hacer sus compañeros. Igual de importante es el hecho de que puede adivinar con bastante exactitud lo que sus compañeros esperan de él. En realidad, las tradiciones de la infancia que se transmiten con tanto esmero —las rimas y canciones, los juegos y rituales— son lo que más entusiasma a los niños con autismo. De acuerdo, quizá sean un poco más pedantes que sus compañeros cuando se trata de seguir las normas, pero en esta etapa esto sólo parece ser una cuestión de nivel.

Ésta puede ser una época dorada para los niños con autismo y sus padres. La confusión de los primeros años ha quedado atrás. Aún falta mucho para la adolescencia. En la escuela, las agrupaciones estables de las clases permiten desarrollar un círculo de amigos o, por lo menos, de niños que comprenden las dificultades de nuestro hijo y le prestan su apoyo. Le ayudarán a desarrollar aptitudes sociales y autoestima.

También podemos educar a la escuela. La queja más frecuente de mi hijo es que damos sus logros por descontados y que siempre esperamos que mejore. No deja de tener razón. Nuestros hijos necesitan tiempo para saborear sus éxitos y pueden reaccionar mal si creen que les atosigamos demasiado. Algunos niños autistas de alto funcionamiento son muy inteligentes. Pero los enseñantes necesitan darse cuenta de que el hecho de que rindan bien no implica que siempre deban esperar que rindan mejor. Si acabamos de escalar una montaña necesitamos tiempo para disfrutar de la vista. Hay tiempo de sobra para lanzarse en ala delta desde la cumbre.

Incluso los períodos más estables en el desarrollo de un niño contienen las semillas del cambio. No acepto plenamente la tesis de Piaget, según la cual se produce una transformación claramente diferenciada en la manera de pensar de los niños, sobre todo en la transición del pensamiento concreto al abstracto antes de la adolescencia. Pero sí acepto que llega un momento en el que ya no pensamos como niños y esperamos que éstos empleen su conocimiento de una manera creativa y demuestren una comprensión superior a medida que crecen (Donaldson, 1978). Esto puede causar problemas a nuestros hijos a medida que se acercan a la pubertad.

Hasta entonces, normalmente se las arreglan mediante un conocimiento y una memoria prodigiosos. Su capacidad para hablar largo y tendido y parecer dominar una amplia gama de temas hace que se granjeen el cariño de sus enseñantes de primaria. Sus compañeros de clase tolerarán su extraña conducta porque pueden confiar en que siempre sabrán la respuesta correcta. Son inteligentes, habladores, se sienten cómodos con los adultos. Los enseñantes esperan mucho de estos «pequeños profesores» y les instan a desarrollar su comprensión, a que contesten: «¿Por qué...?» y «¿Qué pasaría si...?». Esto puede ser una sorpresa para ellos. ¿Por qué tienen que pensar en las razones si ya conocen los hechos? Los hechos han sido su soporte principal durante años, un soporte fijo y estable. Ahora el enseñante quiere su opinión. ¡En lugar de aprender de él, espera que debata con él!

Al mismo tiempo, empiezan a comprender que se están quedando atrás en relación con el grupo de compañeros, cuyas aptitudes sociales experimentan un rápido desarrollo: como decía Aristóteles, están empezando a encontrar su individualidad en medio de la sociedad. En cambio, los niños autistas de alto funcionamiento encuentran su individualidad al margen de la sociedad. Por primera vez en su vida, algunos de estos niños superdotados pero raros pueden tener que enfrentarse al hecho de que no son los mejores en ciertas áreas importantes de aptitud. A medida que aumenta la importancia de las aptitudes sociales, se revelan mucho más sus deficiencias en esta área, a menudo con crudeza. Su desarrollo tardío de la teoría de la mente hace que les cueste tener conciencia de que los demás tienen pensamientos propios e identidades distintas. A esto se une la sospecha de que quizá los raros sean ellos. Ellos son los extraños que se sienten excluidos sin acabar de comprender por qué.

9

Adolescencia

Todas las personas con autismo tienen dificultades para enfrentarse al cambio. No hace falta saber psicología para comprender el impacto que tienen en nuestros hijos los constantes cambios de la adolescencia. Existen tres áreas principales de dificultad.

CAMBIOS EN EL GRUPO DE COMPAÑEROS

Todo empieza a cambiar con la pubertad. Parte del cambio psicológico de la adolescencia es que empezamos a poner en duda las reglas, nos rebelamos contra ellas, creamos otras nuevas. Los chicos, en lugar de ahuyentar a las chicas, ahora van detrás de ellas. Ellas, a su vez, parecen estar más dispuestas a dejarse agasajar, al menos por parte de algunos chicos. El joven con autismo sospecha que las cosas han cambiado. Al no comprender las razones de ello las pregunta, infringiendo así la regla no escrita según la cual: «Nunca se debe hablar de las reglas no escritas». Es como una vez que pregunté el precio de un artículo en una tienda de lujo y me dijeron: «Si tiene que preguntar el precio es que no se lo puede permitir». A nuestros hijos se les dice que si tienen que preguntar las reglas no les está permitido jugar. Como escribió Marc Segar (1997):

> Cuando alguien rompe estas reglas no escritas puede que salga bien librado aunque, en general, el hecho de infringir unas reglas informales comporta sufrir castigos informales. Estos castigos pueden incluir burlas, ser menospreciado o sufrir marginación.
> Lo más difícil de ser autista (o de tener el síndrome de Asperger) es que muchas personas esperan que conozcamos estas reglas y nos rijamos

por ellas como hacen los demás, aunque nadie nos haya dicho cuáles son. Sin duda esto es muy injusto pero, por desgracia, la mayoría de la gente no lo ve así porque no comprende nuestro problema.

Siempre recordaré una tarde en el vestuario, durante el sexto curso. Lo que empezó como unas payasadas se convirtió imperceptiblemente en un juego de «corre que te pillo». Nuestra bien ensayada seriedad se desvaneció y volvimos a ser niños. El juego acabó tan de repente como había empezado. Pero mientras los otros recuperaban su compostura, yo salté de repente con toda la inocencia diciendo: «Y ahora, ¿a qué jugamos?».

¡Como me miraron todos! Esos ojos aún me hablan con desprecio burlón. «¿Jugar? ¡Nosotros no jugamos! Eso ha sido por casualidad. No lo vuelvas a mencionar. Tenemos 16 años y somos los amos del mundo. ¡NOSOTROS NO JUGAMOS!».

¿Cuántas veces sienten los jóvenes con autismo el dolor y la confusión de momentos como éste, sin llegar a comprender por qué?

CAMBIOS PERSONALES

Ya es bastante malo que cambie el mundo. Con todo, aunque podemos enfurecernos con nuestros amigos por su traición al crecer alejándose de nosotros, siempre podemos volver la espalda al mundo y concentrarnos en nuestros propios intereses... salvo cuando nosotros también empezamos a cambiar.

Un joven me dijo que el sexo era demasiado complicado y desagradable y que había decidido no pensar más en él. Eso era a los 12 años. A los 14 descubrió que su cuerpo no se lo permitía. Entonces decidió que ya tenía suficiente pelo púbico, pero éste no dejaba de crecer. Y no sólo se producen cambios físicos. A mi hijo no le gustan los nuevos y extraños pensamientos que está teniendo como, por ejemplo, qué le deparará la vida cuando yo haya muerto.

Más o menos a esta edad, los adolescentes con síndrome de Asperger notan claramente la presión del grupo de compañeros y se dan cuenta de la necesidad de pertenecer al grupo social y de conformarse a él. Pero justo cuando su deseo de socialización llega al máximo, su grupo de compañeros se deja llevar por su propia inseguridad y alcanza su momento de menor comprensión. Todo el mundo quiere ser aceptado y, para ello, lo más seguro es no tener nada que ver con los raros y los inadaptados sociales. Y estos últimos, mirando por encima del hombro, atormentan al niño con autismo para reforzar su propia autoestima.

CAMBIOS EN LOS ADULTOS

Los niños con autismo suelen preferir la compañía de los adultos. Son más fiables que el grupo de compañeros, más seguros de sí mismos, más predecibles y de costumbres más arraigadas. Pero incluso ellos parecen afectados por la adolescencia.

Puede ser difícil de imaginar, pero algunos de los adolescentes con autismo más rebeldes son los que más deseos tienen de agradar. Se sienten frustrados porque no pueden comprender las expectativas que depositamos en ellos.

Esperamos que se hagan mayores y que se comporten conforme a su edad, y ellos lo intentan. Observan a sus compañeros. Aprenden lo que hacen los adolescentes. ¡Y luego lo hacen! Por desgracia, no aprenden la discreción y el instinto de supervivencia que el adolescente ordinario aporta a sus actos de rebelión. Saber hasta dónde se puede llegar; llevar las cosas hasta cierto punto y no ir más allá es una capacidad de la que carecen nuestros hijos. En cambio, lo que obtenemos es una revolución en toda regla.

Las personas con autismo se pasan buena parte de la vida soportando que los demás les echen en cara sus defectos y limitaciones. A los 14 años, mi hijo ya está hasta la coronilla de sermones y críticas. Y yo soy tan culpable como el que más.

Después de un incidente concreto en el que me equivoqué espectacularmente, me dijo: «Has metido bien la pata, ¿eh, papá...».

«Lo reconozco», dije, «Pero tú tampoco te has lucido.»

«Pero yo soy autista. ¿Cuál es tu excusa?», me respondió.

10

La vida adulta

Una vez superada la reacción inicial al diagnóstico, independientemente de que nos sintiéramos desolados o aliviados, la mayoría de los padres queremos saber qué nos depara el futuro. Esta cuestión también es importante para la administración, que con frecuencia tienen muy poca idea de los servicios y atenciones que pueden necesitar las personas con autismo a lo largo de su vida.

Puede que parezca una insensatez intentar describir las posibles consecuencias de un trastorno con efectos tan variables. Pero se pueden hacer algunas observaciones con un índice razonable de confianza.

EL AUTISMO ES PARA TODA LA VIDA

El autismo es una enfermedad para toda la vida. Como el volatinero, la persona autista, con la práctica, puede llegar a ser excelente haciendo sus equilibrios con una facilidad tan consumada que a un extraño le costaría descubrir algo especial en lo que hace. Pero, también como el volatinero, el autista sabe que está a un paso del desastre. Y aunque caiga cada vez menos a medida que se hace mayor y más prudente, las caídas siempre son desde muy alto. Y debemos recordar que el camino de regreso también es largo y que no todas las personas con autismo consiguen volver a subir. Incluso los más hábiles, los que perfeccionan el arte de imitar la llamada «conducta normal», pueden venirse abajo a causa de la tensión. El colapso mental, la depresión y el suicidio pueden ser las trágicas consecuencias de nuestro fracaso en hacerles la vida más llevadera.

Algunos pueden estar menos dispuestos a arriesgarlo todo a cambio de la aceptación de los demás: pueden presentar una conducta menos adaptada a la sociedad y sentirse más a gusto estando solos. Sin embargo, sea cual sea el camino que estén siguiendo en cada momento, todas las personas con autismo necesitarán alguna forma de apoyo a lo largo de su vida.

Liane Holliday Willey (1999) explica gráficamente que, si bien ahora sus síntomas son bastante leves, literalmente «finge ser normal» y a veces siente que se encuentra al borde de un precipicio, a punto de lanzarse al abismo que se abre ante ella. Pero encuentra apoyo en su marido y en sus hijos. Otros encuentran que su incapacidad social les niega esta solución y necesitan acceder a grupos de autoayuda, terapeutas, trabajos para discapacitados y servicios de residencia en grupo.

Muchos adultos con autismo obtienen el principal apoyo de sus padres. No debería ser así. Si no se les puede ayudar a que lleven una vida independiente mientras los padres todavía estamos vivos y podemos apoyar la transición, ¿cómo esperan los servicios sociales que se enfrenten a la independencia si se van a topar con ella cuando hayamos fallecido?

Se plantea otro problema cuando una persona joven con autismo alcanza la mayoría de edad. Si necesita ayuda para llevar sus asuntos, los padres son la opción más evidente. Pero aunque lo más normal es que aceptemos esta responsabilidad, no tenemos ningún derecho legal en relación con nuestros hijos adultos. Si queremos asegurarles su futuro económico, ¿cómo podemos impedir que gente poco escrupulosa se aproveche de su ingenuidad social para estafarlos? ¿Qué ocurre si impugnamos una decisión del departamento de servicios sociales para adultos que afecta al futuro de nuestros hijos? ¿Cómo podemos hacer testamento con la seguridad de que la herencia de nuestros hijos se administrará en su beneficio? Estas cuestiones superan mi nivel de conocimiento y de experiencia. Afectan a una gama de adultos discapacitados mucho más amplia que los afectados por el espectro autista. Son cuestiones que preocupan a muchos padres y que todavía no tienen una fácil solución.

La etapa adulta promete ser la más interesante de nuestra experiencia con Matthew. No sabemos con seguridad qué debemos esperar, pero están apareciendo una o dos señales.

Matthew está creciendo muy sano. No es probable que llegue a fumar o a beber. Su obsesión con la salud tiene algunas ventajas. Le gusta hacer ejercicio y es probable que tenga una vida muy larga. Algunas personas con autismo tienen toda una gama de trastornos adicionales. Pero, en general, las personas con autismo tienen las mismas probabilidades de padecer enfermedades graves que cualquier otra.

A veces, la conducta obsesiva o los hábitos dietéticos irracionales hacen que el autocontrol de enfermedades como la epilepsia o la diabetes sea problemático y existen riesgos de autolesión asociados con la mayor tendencia a la depresión de las personas con autismo. Aparte de esto, lo más probable es que el adulto con autismo sobreviva a sus cuidadores y a la mayoría de sus compañeros.

En consecuencia, cualquier servicio para adultos que se ponga en marcha —cosa que debe ocurrir— deberá hacer previsiones a largo plazo. Como decía antes, no se debe esperar que los padres asuman la carga de cuidar a sus hijos adultos. Y cuanto mayor sea la independencia que pueda lograr un adulto con autismo, más fácil será la transición que deberá realizar cuando fallezcan sus padres.

EVITAR SITUACIONES DESAFORTUNADAS

El lunes 13 de diciembre de 1999, el programa *20/20* de la cadena estadounidense ABC News emitió un reportaje sobre la falsa confesión del robo de un banco por parte de un hombre autista (Debbaudt, 1999).

Este apartado toma su nombre de la página web de Dennis Debbaudt. Dennis, un investigador privado con un hijo autista adolescente, ha escrito diversos libros sobre el riesgo de que las personas autistas sufran consecuencias desafortunadas en sus tratos con la policía y ha impartido muchas conferencias al respecto a numerosas agencias y cuerpos de seguridad de Estados Unidos. Cuando le escribí para poner en su conocimiento el caso de un individuo con autismo que había sido encarcelado por un juez que parecía no saber nada del autismo, me con-

73

testó que estos casos iban en aumento. Antes solía recibir uno por mes en su buzón. Ahora recibe uno por semana.

Las personas con autismo pueden meterse en problemas con la policía porque su ingenuidad social suele conducir a errores y malentendidos. Es indudable que los autistas son honrados y respetuosos con la ley, a veces en extremo. Pero también son muy francos en su trato con figuras de autoridad. ¡Si un policía de tráfico bravucón y papanatas hace parar a un autista de alto funcionamiento por alguna infracción trivial, puede que no aprecie el hecho de que éste le diga, sin pelos en la lengua, lo que piensa de sus capacidades mentales, sobre todo si lo que dice es verdad!

El caso al que se refiere Dennis es más grave. Las personas con autismo están acostumbradas a que se les diga que están equivocadas. Se les enseña a que confíen en las figuras de autoridad y acepten su versión de los hechos. Dedican mucho tiempo a comprender qué espera la gente de ellos y a cumplir estas expectativas de la mejor manera posible. Si por error se sospecha de una persona así y luego es arrestada, puede que confiese para complacer a sus interrogadores o que reaccione con tanta violencia ante la injusticia que acabe siendo acusada de delitos aún más graves.

Como siempre, la respuesta es fomentar el conocimiento del autismo por parte de la comunidad; por eso recomiendo vivamente la página web de Dennis a quienquiera que esté interesado en este tema.

INVERTIR EN EL AUTISMO

Otra señal de Matthew que veo confirmada en mi correspondencia con adultos autistas es que la madurez refuerza su autodominio y la conciencia que tienen de sus puntos fuertes y sus limitaciones. Esto no significa que el autismo sea un problema que se vaya mitigando con la edad, reduciendo así la necesidad de servicios. Los adultos que no son atendidos por el sistema y no reciben apoyo pueden convertirse en víctimas del alcohol y de otras drogas, dejando tras de sí un reguero de relaciones rotas, a veces con descendientes que otros deberán cuidar. Les cuesta conservar un puesto de trabajo y pueden acabar en la indigencia.

Cuando comprenden su problema y aceptan la realidad de tener que vivir en un mundo confuso y poco compasivo, muchos se convierten en defensores de la comunidad autista como escritores, asesores o enseñantes. Un ejemplo es Andrew Walker, de quien hace poco se ha publicado una reseña biográfica en el *Guardian* (4 de enero de 2000). Hace 5 años, cuando aún no había sido diagnosticado, se había divorciado y alejado de su familia y se encontraba al borde del suicidio. Ahora, a los 40 años, mantiene una relación estable, realiza una tesis de doctorado sobre el autismo y está determinado a hacer «que las cosas vayan mejor para la próxima generación».

La cuestión es que invertir en personas con síndrome de Asperger produce dividendos. En general desean ser útiles, quieren formar parte de algo. Son muy trabajadores y concienzudos. Son buenos ciudadanos que respetan la ley. Pueden llevar una vida independiente y productiva. Cuando les falta apoyo o se les niega se convierten en víctimas sin trabajo y dependientes del Estado.

Otra cosa que he observado es la variada personalidad de los adultos con autismo. Pueden ser ásperos, amables, comprensivos, egoístas, tímidos o confiados. Exactamente igual que el resto de nosotros, con sus cosas buenas y malas. Cada personalidad es única y suele ser el resultado de una intensa lucha. Y cuando leemos la historia de su vida, con frecuencia hallamos una señal muy pequeña en su infancia que nos dice cómo llegarán a ser.

Una mujer joven con autismo describía a dos niños, idénticos en todos los aspectos. Tienen los mismos problemas. Viven en el mismo entorno. Pero reaccionan de maneras distintas y su enfermedad se interpreta de manera diferente. Uno es etiquetado como autista, el otro como superdotado pero raro. En otras palabras, no tiene sentido elegir un ganador ni ajustar los cuidados a unos resultados previstos. La única manera de elegir a un ganador es apoyarlos a todos.

11

Mitos y creencias

Aunque la imagen popular del autismo va mejorando lentamente a medida que aparecen datos más precisos en los principales medios de comunicación, aún perduran varios mitos al respecto. Sin embargo, todo mito tiene algo de verdad y limpiar esa verdad eliminando el mito nos puede ayudar a mejorar nuestra comprensión.

LOS AUTISTAS NO SABEN MENTIR

Las personas con autismo pueden ser sinceras en extremo. ¡Quién no ha estado en la cola del supermercado y casi se ha muerto de vergüenza al oír exclamar a su hijo pequeño: «¿Por qué es tan gorda esa señora?»! Los otros padres de la cola sonríen y se miran como diciendo: «¿A quién no le ha pasado algo así?». La señora gorda se da la vuelta y enseguida se ablanda ante la mirada inocente de nuestro hijo. Hacemos algún comentario inane y el episodio finaliza sin más incidentes.

Sin embargo, aunque esto puede ser aceptable e incluso gracioso en un niño normal de 2 años, ¡imaginemos la misma situación con un hijo adolescente de casi 2 metros de altura como principal protagonista! Es tentador pensar que ésta es la otra cara de la profunda moralidad que caracteriza a las personas con autismo. Según Matthew, los niños con síndrome de Asperger «siempre dicen la verdad sin tener en cuenta las consecuencias o los sentimientos de los demás». Pero la realidad es bastante más compleja.

La franqueza está limitada por ciertas normas. Siempre recordaré un día en que me quedé de pie tras bajar del autobús escolar con el importe del billete en la mano, llorando de angustia porque el conductor no me había cobrado el trayecto en lugar de ir corriendo a gastármelo en golosinas como hacían mis amigos. Y no puedo decir que fuera por alguna causa moral elevada. Se me había dado el dinero para que pagara el billete. Simplemente tenía que hacerlo. Por contra, una vez dentro de la escuela, vi unos soldados de juguete tan atractivos que no pude pensar más que en tenerlos, así que me los llevé a casa. El miedo y la vergüenza me impidieron confesar cuando se investigó su desaparición al día siguiente. Pero sabía que había infringido una regla y mi vergüenza era tan grande que si la enseñante me hubiera preguntado directamente: «¿Has cogido tú los soldados?», le habría contado toda la verdad.

La franqueza también se puede confundir con la ingenuidad social. Los niños dicen la verdad porque no saben hacer otra cosa. No tienen ninguna razón para mentir. Los buenos modales, los sentimientos de los demás, imaginar las posibles consecuencias para ellos mismos... si estas consideraciones no están a su alcance simplemente dirán la verdad. Si Matthew me quiere felicitar por mis dotes de cocinero dirá algo parecido a: «¡Qué sabrosa está la cena, para variar!», y se preguntará por qué no parezco muy satisfecho.

Pero si ello sirve a sus propósitos, estos niños son tan capaces de engañar como el resto de nosotros. Simplemente, en su inocencia no ven tan a menudo la necesidad de hacerlo.

Hace poco, Matthew decidió dejar de medicarse. No nos lo dijo. En realidad nos engañó intencionadamente aunque, como se vio después, sin mucho éxito. Descubrimos su engaño al cabo de una semana y confesó de inmediato. Esto refuerza la observación de que la capacidad de mentir es difícil pero no imposible para las personas con autismo.

Las razones de Matthew para engañarnos me recordaron el dilema del túnel y el puente del que hablaré en el próximo capítulo. Matthew sabía que tenía problemas. Sabía que la medicación le ayudaba a manejar esos problemas, de la misma manera que el puente le ofrecía una ruta para evitar sus traumáticas rabietas. Pero ¿a qué precio? ¿Quizá no comprendía su objetivo? ¿Quizá las pastillas sólo se ocupaban de los síntomas sin atacar la causa? ¿Aliviaban el dolor pero a costa «del placer, la alegría, la calidez y el alivio» que vienen después del dolor? ¿Le estaban anulando una parte de sí mismo, de su identidad? Tenía que averiguarlo. Así que mintió porque para él era importante descubrir una verdad superior.

LOS AUTISTAS SIEMPRE ESTÁN ENSIMISMADOS

Un problema que mencionan una y otra vez los padres que intentan obtener un diagnóstico es un comentario que hacen muchos profesionales diciendo que: «Su hijo no puede ser autista porque le interesan demasiado los demás».

Los autistas pueden estar muy interesados en otras personas. Lo que ocurre es que no acaban de comprender qué es lo que nos mueve y les cuesta relacionarse con nosotros a nuestra manera. Mi experiencia con niños de todo el espectro autista me ha hecho ver que son muy sensibles a la intensidad de la atmósfera emocional que les rodea, aunque no sepan leer muy bien esas emociones ni responder a ellas adecuadamente.

Por ejemplo, cuando el hámster de Katie se murió, mi hija se puso muy triste. Matthew lo comprendió muy bien. Su hermana estaba triste y eso hacía que él también se sintiera mal. Pero cuando él estaba triste solía animarse haciendo bromas, por lo que empezó a hacer payasadas para alegrar a su hermana. Naturalmente, Katie no estaba para bromas y le acusó de ser insensible a su pena. Matthew se enfadó por su ingratitud porque sólo intentaba ayudar.

Estas meteduras de pata suelen hacer creer que las personas con autismo son egoístas. Y lo son en el sentido limitado de que juzgan las situaciones en función del impacto que tienen para ellas. En parte, esto se debe a que les cuesta imaginar qué piensan o sienten los demás. Pero en parte también se basa en la observación muy real de que, en muchas situaciones, las personas comparten las mismas emociones. Es decir, si nos sentimos asustados, felices, avergonzados, etc., es muy probable que quienes nos rodean sientan lo mismo. En consecuencia, responden a lo que, según todos los indicios, deben estar sintiendo los demás. El instinto social está ahí. La base de la comprensión está ahí. Simplemente ocurre que está dañada o reducida y ofrece datos inexactos a la persona.

79

A veces es difícil recordar estas cosas ante el aparente egoísmo e insensibilidad de la persona autista. Pero si nos podemos distanciar un poco, intentemos recordar que nuestra propia conducta también puede ser muy incomprensible y frustrante para ellos.

PINCHAR LA BURBUJA DEL AUTISMO

El título hace referencia a otro mito según el cual el autismo es una burbuja en cuyo interior se encuentra una persona «normal» cuyos intentos de relacionarse con el mundo están distorsionados por esa burbuja. Según este mito, ciertas conductas autistas como mecerse, agitar las manos y las restantes estereotipias, además de otras conductas reconocibles, están milagrosamente libres de cualquier connotación autista. Se supone que representan a la persona «real» que hay dentro y que, en ocasiones, se manifiesta hacia el exterior.

Los mitos de este tipo no ayudan en absoluto. Cualquier indicio de autismo se ve como un problema que se debe eliminar. En realidad, las personas autistas de alto funcionamiento usan las conductas estereotipadas —como agitar las manos y mecerse— para concentrarse, descargar sus emociones y enfrentarse a situaciones de gran tensión. Reprimir estas conductas no sirve de nada. Lo único que conseguimos es que aumenten la presión y los niveles de tensión. Por otro lado, cualquier indicio de funcionamiento «normal» se toma como prueba de que el «tratamiento» funciona. Estamos «pinchando la burbuja», «rescatando» al niño que hay dentro. Este modelo es muy pernicioso. Considera que la persona autista es una víctima desvalida a la que se debe salvar. Todo «éxito» se debe a la dedicación del terapeuta. A la víctima no se le atribuye ningún mérito e incluso se supone que debe estar agradecida por su «curación».

Por fortuna, este punto de vista está muy desacreditado entre los terapeutas, pero aún está muy presente en la conciencia popular y causa gran frustración a los padres que intentan explicar el síndrome de su hijo a amigos y parientes, y que reciben respuestas como éstas:

«No puedes dejar que se salga siempre con la suya.»

«Está dominando tu vida por completo.»

«Lo que necesita es mano dura.»

«Si lo tuviera un par de semanas, ya verías cómo se espabilaría.»

«Hay que dejarle bien claro quién manda.»

«No se puede esconder toda la vida detrás del autismo.»

«No tiene ninguna excusa para portarse así.»

En realidad es imposible separar de esta manera las conductas «autistas» de las «normales». La persona autista tiene un problema fundamental de cognición social que, según indican recientes estudios, está relacionado con ciertas pautas atípicas de la conducta y la estructura del cerebro (Abell y otros, 1999). En consecuencia, las conductas llamadas «normales» son verdaderos logros para las personas autistas de alto funcionamiento. Es indudable que pueden ser muy diestras en ciertas cosas, pero su autismo influye en todos los aspectos de su personalidad, al margen de que sean diestros, torpes o neutros.

Así pues, la noción de que el autismo es una enfermedad discapacitadora que opera en la interfaz entre el individuo afectado y el mundo, es incorrecta. Empleando una analogía informática, lo que falla no es el *input/output*: lo que ocurre es que el procesador central está cableado de una manera distinta. Una persona autista decía que era como un Mac de Apple intentando emular un PC con Windows en un mundo dominado por los PC, no un PC con Windows defectuoso.

«ESO NO ES AUTISMO: LO HACEN TODOS LOS NIÑOS»

Tal vez la intención de comentarios como éste sea tranquilizar, pero el mensaje puede ser muy perjudicial. Significa que quien lo dice no toma en serio nuestros problemas. Parecen estar diciendo que a nuestro hijo no le pasa nada malo y que el problema que pueda tener debe ser por culpa nuestra.

Unos parientes no dan importancia a nuestra preocupación porque nuestro hijo tarda en hablar. Tras seis meses de terapia y muchísimo trabajo duro por nuestra parte y por parte de nuestro hijo, nos vuelven a visitar y se apropian de todo el mérito cuando oyen que nuestro hijo les saluda. «¿Lo veis? Ya os dijimos que si le dabais un poco de tiempo no tardaría en hablar.»

Lo que la gente olvida es que en los niños pequeños es difícil distinguir entre los indicios del autismo y la conducta típica del niño pequeño. Por eso empleamos instrumentos de diagnóstico especializados para esta tarea. Yo tengo muy mal oído para la música y es inútil que le diga a Katie que «a mí me suena bien» cuando está practicando con el piano para tocar bien una pieza. El ciudadano de a pie haría bien en desarrollar su «oído» para el autismo antes de obsequiarnos con sus opiniones y consejos.

Cuanto mayores se hacen nuestros hijos, más difícil se vuelve su carácter. Debemos tener mucho cuidado al decirle a una persona autista que está equivocada. La poca autoestima es un problema común entre las personas autistas de alto funcionamiento. La crítica constructiva es un concepto que les cuesta captar. Hasta el consejo más bien intencionado se interpreta como un desaire. A veces, cuando intento corregir a Matthew, reacciona como si yo estuviera atacando el núcleo más íntimo de su ser. Pero la gente no para de decirme que todos los adolescentes son difíciles. Ya lo sé. Y también sé que hay una diferencia cualitativa entre los problemas de Matthew y los de sus compañeros «neurológicamente típicos». Si Katie padece angustia adolescente le puedo ofrecer apoyo y comprensión. Pero si es Matthew quien la sufre, lo único que puedo hacer es sufrir con él.

PORTARSE MAL

Los jóvenes con autismo son muy capaces de portarse mal y de romper las reglas sociales, además de no comprenderlas. Ya he comentado la inutilidad de intentar atribuir acciones a la parte normal o autista de su personalidad. Poner la música muy fuerte a deshoras; negarse a ordenar la habitación; estar todo el día tirado en el sofá con la consola de videojuegos y luego encontrar cien cosas que hacer justo antes de tener que acostarse: el joven con autismo hace todo esto pero añade un toque autista específico. En general, el adolescente típico actúa sin pensar y acepta que se le corrija cuando le indicamos el impacto de su conducta en los demás. Pero las personas con autismo rara vez actúan sin pensar y se resistirán a todos los intentos de modificar su conducta aduciendo argumentos muy claros para demostrar que su postura es la correcta.

«¡Pero si pongo la música tan fuerte es porque así me tranquiliza!» «Mira, si no quieres que me tranquilice, por mí vale. Pero bajaré y montaré un número que os vais a enterar. ¿Es eso lo que quieres?»

Con todo, la verdad es que pocas veces se portan mal. Lo que ocurre es que la capacidad de molestar típica del adolescente se amplía hasta encajar con nuestra tendencia, típica en la gente madura, de sentirse molesta. He observado este fenómeno en mí mismo ahora que tengo una hija adolescente neurológicamente típica y un hijo autista de alto funcionamiento. Supongamos que tenemos previsto ir a algún lugar. Katie se pasa días haciendo listas —qué ponerse, qué llevar, etc.— y casi siempre acaba con mi paciencia porque no para de darme la lata con todo eso. En cambio, Matthew necesita saber con todo detalle cuáles son nuestros planes, pero no colabora en nada hasta que, justo cinco minutos antes de tener que salir, nos da a conocer su agenda: necesita una camisa limpia, darse una ducha y hacer la maleta, que aún no está preparada. No lo he visto escrito en ninguna lista de criterios de diagnóstico, pero me parece que existe una relación directa entre la necesidad de estructura y organización de la persona autista de alto funcionamiento y su falta de capacidad de organización.

¡TELETRANSPORTACIÓN!

Muchas personas con autismo son entusiastas de la serie *Star Trek* y su personaje favorito suele ser Data, el androide que se esfuerza por descubrir cómo es ser una persona, o el doctor Spock, el vulcaniano cuyos antepasados antepusieron la lógica a las emociones como fuerza rectora de su planeta, al contrario que los seres humanos, sentimentales y emocionalmente inestables.

Existe un mito, casi siempre propalado por personas con autismo, según el cual los autistas son una especie de extraterrestres o androides que se esfuerzan por comprender a los simples mortales como nosotros. Es verdad que a veces la persona autista se puede sentir como un «antropólogo en Marte», citando el título empleado por Oliver Sacks en su ensayo sobre Temple Grandin. Pero es indudable que pertenecen a la especie humana, les guste o no. El autismo es una discapacidad que plantea unas exigencias adicionales a quienes la sufren. Pueden encontrar fuerzas en la adversidad. Pero la adversidad que se deriva de ser autista es una prueba muy real de esa fuerza. El autismo es una enfermedad discapacitadora y no el siguiente paso en la evolución de la humanidad.

PENSAR COMO UN SER HUMANO

A veces, Matthew finge ser normal. Actúa como piensa que esperamos que actúe, aunque lo encuentre incómodo o poco natural. Es como intentar mantener una conversación en francés mientras se piensa en inglés, es decir, traducir nuestros pensamientos al francés y al mismo tiempo traducir lo que oímos al inglés.

Sería mucho más fácil si pudiéramos pensar y hablar en francés. Matthew ha intentado un truco similar con la conducta neurotípica; *ser normal* en lugar de *fingir ser normal*. *Fingir* supone determinar lo que esperamos de él e intentar actuar en consecuencia. *Ser* es una actividad más arriesgada en la que imagina lo que haríamos en una situación dada e intenta actuar como nosotros.

Hace poco, en vacaciones, fuimos a ver una exhibición de fuegos artificiales. Matthew acordó con nosotros un lugar y una hora de encuentro «por si os pierdo» y desapareció rápidamente. Hacia las diez y media de la noche nos dirigimos hacia el punto de encuentro sin que hubiera señales de Matthew. Se hicieron las once y seguía sin aparecer. A las once y cuarto empezamos a preocuparnos. Si Matthew dice algo, lo hace. Normalmente se atiene a las reglas. Informamos a la policía y Dee volvió al hostal con Katie mientras yo seguí esperando cada vez más preocupado.

Mientras tanto, se proyectaba una película en una gran pantalla al aire libre. Justo después de la medianoche la película se acabó y Matthew acudió al punto de encuentro tan campante. Su explicación fue que, como antes habíamos comentado que era una película muy buena, y puesto que no estábamos en el punto de encuentro exactamente a las diez y media, cosa que sí había hecho él, supuso que habíamos ido a ver la película, se fue a buscarnos y se perdió entre la muchedumbre. Así que se puso a ver la película seguro de que estábamos haciendo lo mismo y de que nos encontraríamos en el lugar previsto, aunque dos horas más tarde.

¿AUTISMO LEVE?

En ocasiones, los medios de comunicación populares presentan el síndrome de Asperger como si fuera una forma leve de autismo. Lo que quieren decir es que la persona con síndrome de Asperger no tiene los problemas adicionales y la incapacidad de aprendizaje de una persona autista. Puede que a primera vista parezcan estar ligeramente afectados por su autismo. Pero ¿quién puede decir qué confusión acecha bajo la superficie?

Una persona con autismo y un CI propio de Mensa es tan propenso a los berrinches o a los ataques de pánico como cualquier otro autista. El hecho de que en estas ocasiones se desahoguen con descripciones verbales gráficas de sus miedos, frustraciones y odios, hace que estos sucesos puedan ser aún más penosos para quienes se encuentran en la línea de fuego que las versiones basadas en puntapiés y mordiscos de sus primos autistas más discapacitados. Yo he experimentado las dos versiones y prefiero antes un buen mordisco que un ataque verbal tan violento.

Una vez Matthew me dijo que deseaba haber sido un autista «como es debido», igual que un muchacho que había conocido durante una semana de «equitación para discapacitados». Este muchacho satisfacía mucho más los criterios para el autismo clásico del tipo de Kanner. Matthew, a su manera, es tan autista como él, pero envidiaba al otro muchacho por la feliz ignorancia de su estado y por no ser presa de las dudas y temores que atormentan a las personas con síndrome de Asperger, que suelen ser muy conscientes de sus limitaciones y dificultades y claman contra la injusticia de todo ello. Se esfuerzan por entender nuestro mundo pero a cambio reciben poca simpatía y comprensión. Muchos contraen otras enfermedades como la depresión a causa de la constante tensión y preocupación que experimentan. Las amenazas de suicidio no son infrecuentes y, por desgracia, en algunos casos se acaban cumpliendo. ¿Autismo leve? No lo creo.

12

Conducta desafiante

La conducta desafiante puede adoptar muchas formas. La persona puede ser violenta y destructiva con los demás y consigo misma. Puede tener hábitos muy molestos o antisociales en los que ninguna amenaza ni halago pueden hacer mella. Las rabietas, las crisis maníacas y las depresiones oscuras de la persona autista se combinan para formar una montaña rusa tras cuya estela se ven arrastrados los demás. Esta conducta puede parecer deliberada, manipuladora o malévola. Pero en el fondo no es diferente del caso de quien se ahoga y que, al agitar los brazos, pone en peligro la vida de quienes van en su ayuda. En momentos de pánico, cuando han perdido temporalmente la batalla por la estabilidad en su vida, sin duda «se están ahogando, no están saludando», y necesitan nuestra ayuda, no nuestros sermones.

SÍNDROME DE ASPERGER, BERRINCHES Y ATAQUES DE PÁNICO: CÓMO SON

Continúo, lo sigo saboreando. No quiero que termine. Es como comerse una golosina. Cuando está allí la disfruto y procuro que dure lo más posible. Pero actúas e intentas ser normal y no te das cuenta de que el dulce ya no está. Y cuando papá dice «Lo siento», yo digo «Ya me lo pensaré», y por fin tengo a papá bajo mi poder, por así decirlo.

Hay un túnel y hay un puente. El túnel pasa por una rabieta o un ataque de pánico para llegar allí donde reina un placer, una calidez y un alivio inmensos. «El puente te aleja de eso», pero ¿sigue dando placer y alivio? Después de cruzarlo, el placer, el alivio y la calidez parecen más intensos por la mayor distancia de la lucha al pasar por el túnel para obtener el placer, el alivio y la calidez.

Una vez me he adentrado un metro en el túnel (por así decirlo), deseo seguir. Es como un masaje, pero al revés. En un masaje trabajas. Con el masaje consigues placer de inmediato. Pero cuando estás en el túnel, primero tienes que trabajar y sólo después obtienes placer, alegría, calidez y alivio.

Llegar al final del túnel, donde hay placer, alegría, alivio y calidez; y si alguien intenta detenerme será como un desafío: intentar que no pueda obtener esos placeres al final del túnel. Y si tienen éxito y lo impiden, simplemente vuelvo al estado agitado en el que me encontraba antes de entrar. A menos que me detengan a tiempo, antes de que sea demasiado tarde, y me dirijan hacia el puente.

Además, eliminar por completo las rabietas y los ataques de pánico sería como prohibir por completo el fútbol a un fanático del fútbol o, mejor dicho, sería como arrancarle a alguien el corazón.

Matthew escribió esta descripción cuando tenía 12 años. Creo que es muy instructiva porque da a entender que incluso las conductas más negativas pueden tener un papel positivo. De lo que escribió se desprende claramente que, para Matthew, las rabietas autistas nunca han sido un capricho. Son algo muy serio que nos pasa factura a todos, tanto a él como a nosotros. Pero, a fin de cuentas, sus ventajas desde el punto de vista de restablecer la paz mental hacen que valgan la pena el dolor y el sufrimiento, «el trabajar» como dice él.

Escribió esto en una época especialmente mala de su vida. El traslado al instituto había sido un desastre y sentía que su vida se estaba desmoronando. Aunque los berrinches no le ayudaban precisamente a mantener el control, conseguía que el mundo tuviera que tratar con él a su manera y sin dejarlo de lado: por ejemplo, yo debía decir «lo siento» para intentar calmar la situación. Él sabía que había alternativas al túnel de los berrinches, como el puente. Pero ¿tendrían el mismo efecto catártico?

En otra ocasión anterior yo le había propuesto el puente a Matthew como una analogía para buscar maneras de sortear sus problemas en lugar de pasar por ellos recorriendo el túnel. Desde entonces me ha dicho que el problema del puente es que se trata de *mi* puente. Era *mi* solución a sus problemas. No confiaba en él. Creía que significaba dejar de lado sus problemas. El túnel de las rabietas era difícil y peligroso pero por lo menos se enfrentaba a sus problemas cara a cara. Ahora habla de construir su propio puente encontrando sus propias maneras de abordar los problemas, sin que simplemente se espere que acepte todo lo que yo le diga. Como Matthew dice ahora:

> Siempre queréis resolver mis problemas y no es eso. Se acabaron los problemas, decís. Eso es lo que intentaba hacer la escuela. Pero los problemas siempre están ahí, continuamente. Tengo que aprender a superarlos. No me los podéis quitar. Aunque no quiero vuestras soluciones sigo necesitando vuestra ayuda para encontrar maneras de superarlos. Y tengo la esperanza de que sea algo automático, de que llegue a formar parte de mí y pueda superarlos sin pensarlo.

Esto ayuda a explicar la insistencia aparentemente irracional en realizar conductas inadecuadas por parte de individuos autistas de alto funcionamiento que «deberían» saber comportarse. No tenemos ningún problema en aceptar los duros programas de entrenamiento que siguen los atletas. Incluso la frase hecha «La letra con sangre entra» se ha hecho un hueco en nuestro idioma para justificar estas conductas. ¿Acaso no es posible que la persona autista enfoque de esta manera sus propias dificultades? Una vez establecidas, las pautas de conducta pueden ser muy difíciles de «desaprender», sobre todo si están asociadas a posibles efectos positivos como «el bienestar al final del túnel».

Los padres, los enseñantes y los terapeutas pueden ofrecer alternativas con la promesa de más bienestar a cambio de menos dolor. Pero el viejo refrán «Más vale tonto conocido...» tiene un inmenso poder sobre las personas con autismo para las que el conocimiento es un bien muy preciado que han alcanzado tras un enorme esfuerzo. Son como el hombre que se agarra a los restos de un naufragio y que se niega a subir a un bote para ser rescatado diciendo: «No pienso volver a subir a una embarcación. No me fío de ellas. La última en la que he estado se ha ido a pique».

Toda persona con autismo sabe qué ocurre cuando las tensiones acumuladas durante el día se hacen demasiado difíciles de soportar. En estas circunstancias, la provocación más ligera hace que rebose el vaso. También los padres lo sabemos bien. Con frecuencia somos nosotros los que inadvertidamente hacemos un comentario casual que provoca la catástrofe al final de una dura jornada escolar.

Las escuelas no suelen comprender la tensión psicológica que supone mantenerse a la espera de un golpe oculto. Y si ese golpe nunca acaba de llegar, la ansiedad va en aumento. Hasta que llegas a casa y explotas. Pero la escuela suele responder diciendo: «Bueno, pues en clase se las arregla muy bien». Un psicólogo escolar llegó a decir que el hecho de que Matthew se contuviera en la escuela era un motivo de satisfacción. No entendía que la escuela no se estaba ocupando de Matthew. La realidad era que Matthew se encontraba bajo una enorme tensión, tratando de sobrevivir en la escuela.

Muchos padres estarían de acuerdo con la descripción que hace Tony Attwood de los centros de secundaria como campos de minas en una selva llena de depredadores (Attwood, 1999). El alumno con autismo no sólo está pendiente de su propia conducta, intentando no cometer un error que provoque una catástrofe. También está pendiente de que los matones no le tiendan una emboscada cuando menos se lo espera. Así que, cuando vuelve a casa, se desahoga con nosotros:

> Ni siquiera viéndolo escrito en un informe la escuela se da por enterada de que mi hijo tiene problemas, de que el trato que le dan le produce un daño emocional permanente. Durante muchos años se me ha dicho: «Alégrese porque su hijo siente la seguridad suficiente para expresarse ante usted». Claro, sí, me alegra que sepa que le quiero y que hago todo lo que puedo para ayudarle en la vida, en la escuela, etc. Pero a veces resulta muy deprimente ser atacado por un niño de 10 años y oírle echar pestes contra ti.
>
> No puedo decir que sea un experto, pero mi experiencia con las escuelas británicas puede ser de utilidad para otras personas. Teníamos un

grave problema con nuestro hijo de 8 años —una ira y una cólera extremas, autolesiones, depresión, amenazas de suicidio, etc.— antes del diagnóstico a principios de este año, por lo que decidimos cambiar de escuela. El hecho de tener un diagnóstico adecuado y una nueva vida escolar en una época de crisis fue muy importante. Las malas experiencias aumentaban día a día en su escuela anterior. El efecto era acumulativo e irreversible. Llegó un momento en que sus sentimientos negativos hacia la escuela llegaron a un nivel tan elevado, en Navidades del año pasado, que simplemente dejamos la escuela sin tener otra a la que ir. Tuvimos la suerte de encontrar otra escuela pública que lo aceptara. Mi experiencia es que la ira y los sentimientos negativos de mi hijo iban dirigidos a unos enseñantes e individuos en concreto y que nunca llegarían a cambiar; y la cosa iba de mal en peor.

El tema de la ira es fascinante y vital para nosotros. Estamos totalmente de acuerdo con el comentario de que necesitan una clase donde se les acepte. El año pasado tenía una enseñante que, aun siendo de buen corazón, tenía una mentalidad demasiado estricta e inflexible. Las cosas sólo se podían hacer a su manera. Él estaba por los suelos y a finales de año también lo estábamos nosotros. Hoy tiene un enseñante maravilloso que comprende lo que le ocurre y sabe sacarle todo lo bueno que tiene. Decir que ha sido como la noche y el día no le haría justicia.

RESPONDER A LA CONDUCTA DESAFIANTE

Al tratar con la conducta desafiante, lo más difícil es no sentirse desafiado por ella. Como padre, encuentro que es más difícil hacer caso omiso de los desplantes de mi hijo que cuando, como enseñante, me enfrento a la conducta provocadora de un alumno. Pero sé que no debo hacer caso. Siguiendo la analogía del túnel de Matthew, me puedo decir a mí mismo que sólo estoy entrando un poco en el túnel para sacar a Matthew de él y enseñarle el puente. Pero las cosas no siempre son así. A veces he ido tras él recorriendo todo el túnel y saliendo por el otro extremo aunque, por desgracia para mí, no he obtenido «el placer, el alivio y la calidez» que experimenta Matthew. En lugar de eso, me he sentido culpable, avergonzado y exhausto.

Si es demasiado tarde para sacarlo del túnel, ¿cómo intervenir sin empeorar una situación ya mala de por sí? Muchas veces no podemos. Dejar que las cosas sigan su curso suele ser una buena idea siempre y cuando no corran peligro ni ellos ni quienes les rodean. Esta clase de conducta puede ser aterradora para ellos y tener una presencia cercana que conserve la calma y no sea hostil les puede servir de ayuda.

A veces podemos intervenir con éxito. Algunas personas encuentran que un abrazo muy fuerte y envolvente les ayuda a calmarse en momentos de pánico extremo. Esto no es lo mismo que la «terapia de sujeción» que tanta polémica suscitó hace unos años y según la cual debíamos sujetar a nuestro hijo en contra de su voluntad para traspasar el autismo y llegar al niño del interior. El consuelo que ofrece a algunas personas la presión física tiene más en común con el roce y la compresión que emplean los terapeutas profesionales con sujetos que tienen un nivel excesivo de defensión táctil.

Antes de lanzarnos a abrazar serán convenientes unas palabras de advertencia. ¡Si la persona está enfadada con nosotros o nos identifica con su dolor, no apreciará demasiado nuestra intervención! Yo era quien más cerca estaba cuando un joven se cayó y dio con la cabeza en el suelo: cuando acudí a ayudarle me echó la culpa y me asestó varios arañazos. La otra persona que estaba por allí recibió todas las carantoñas y mimos mientras el joven se quejaba del «señor Stanton, que es muy malo».

Cada vez puedo adivinar mejor cuándo Matthew quiere consuelo y cuándo quiere que le dejen en paz. Basta con recordar que no hay nada peor que alguien que intente animarnos cuando estamos «disfrutando» de un buen enfurruñamiento. Asegurémonos de que nuestras intervenciones sean bien recibidas y, en caso contrario, retirémonos sin más.

Los profesionales deben procurar que las reglas de su institución estipulen claramente unas directrices para todas las intervenciones físicas y que ellos mismos estén habilitados para emplearlas con sus clientes. Los padres están especialmente preocupados por la confusión en torno a si estas restricciones forman parte de los cuidados o si se emplean para obtener obediencia; además, también quieren que el personal esté debidamente autorizado y haya recibido una formación adecuada para encargarse de sus hijos cuando sea necesario y con total seguridad.

Depende de nosotros identificar las situaciones que provocan la conducta desafiante y minimizar su frecuencia. También será bueno recordar que la persona autista puede creer que simplemente está respondiendo a nuestra propia conducta desafiante. No podemos ser al mismo tiempo parte de la solución y parte del problema, por lo menos desde su punto de vista. En estas circunstancias es mejor que se encargue otra persona y que nos olvidemos de nuestra necesidad personal de demostrar que no ha sido culpa nuestra, que sólo fue un malentendido, etc.

La idea de que alguien se pueda quedar sin habla a causa del asombro o de la rabia no nos es extraña. Pero las personas con autismo experimentan unos problemas más fundamentales. Incluso las más capacitadas pierden acceso a sus facultades de comunicación durante los períodos de tensión o ansiedad. La persona autista puede «olvidar» que los demás no saben leer la mente, una ilusión que alimentamos inconscientemente mediante nuestra capacidad de «leer» una situación e imaginar lo que podría pensar otra persona. Por lo tanto, no sólo se encuentran en un estado de angustia extrema: también se pueden enfadar mucho con nosotros porque no intuimos el por qué y, en consecuencia, no respondemos adecuadamente a la necesidad que ellos creen que comunica su conducta.

Naturalmente, a veces la persona autista está muy equivocada y se debe corregir le guste o no. La violencia asociada con las rabietas no se puede consentir. Y lo mismo ocurre con las autolesiones. Pero un instrumento como la modificación de la conducta se debe emplear con gran cuidado. Puede ser muy potente. Nunca debemos usarlo para conseguir que la persona tolere lo intolerable y se habitúe a la angustia hasta tal punto que ya no reaccione.

Recuerdo que asistí a una conferencia hace muchos años, cuando la modificación de la conducta era «lo último» en educación especial y había listas de control y programas para cualquier cosa. Mi fe en esta técnica se vio empañada por el relato de uno de los conferenciantes, John Mortlock. Nos instó a buscar y eliminar siempre las posibles causas externas del comportamiento antes de emplear métodos psicológicos como la modificación de la conducta. Citó dos casos caracterizados por violentos ataques de furia y golpes de cabeza que no respondieron a programas conductistas. ¡El primero resultó estar provocado por una muela del juicio que crecía atravesada y el segundo se debía a un absceso sin tratar en el oído! No demos nunca por seguro lo evidente.

Una de las maneras más eficaces de eliminar la conducta desafiante es no enfrentarse directamente a ella para extinguirla, sino redirigirla enseñando a la persona métodos más aceptables para modificar la conducta o el entorno y eliminar las causas del pánico o de la ira.

Los fallos de comunicación son, sin lugar a dudas, la causa más probable de muchos arrebatos. Sea cual sea el sistema de comunicación —palabras, señales o sistemas de símbolos— el joven necesita aprender a usarlo para enviar y recibir mensajes con eficacia. «Detente.» «No hables más.» «Necesito que me abraces.» «¡Tiempo muerto!» La recepción eficaz de estos mensajes por nuestra parte, ¿cuántas veces hubiera podido prevenir rabietas, depresiones y estados de angustia en la persona autista? En consecuencia, uno de los medios más eficaces para tratar la conducta desafiante es enseñar métodos idóneos de comunicación a la persona autista y conseguir que cuidadores y enseñantes comprendan estos sistemas de comunicación y respondan de manera adecuada.

13

Cuidado con lo que decimos

Los narradores de las antiguas tradiciones orales empleaban la repetición en sus relatos épicos para mantener la atención de un público numeroso —y, en ocasiones, bastante revoltoso— y asegurarse de que captara el mensaje. Esto me recuerda un consejo que me dio un veterano orador sobre el arte de hablar en público: «En la introducción, di sobre qué vas a hablar. Luego habla de ello. Y en la conclusión recuerda lo que has dicho».

En principio, éste es un buen método para emplear con las personas con autismo porque muchos procesan mejor la información visual que la auditiva. El habla es un medio de comunicación transitorio y el significado se pierde o se confunde con facilidad. Por lo tanto, parece que la repetición está indicada. Pero la persona autista puede tener una perspectiva diferente. La comunicación verbal puede fallar de muchas maneras.

TAL VEZ NO SE DEN CUENTA DE QUE LES HABLAMOS

Digo a mi clase: «Sentaos todos, por favor», pero el niño con autismo —John— no me hace caso y el resto de la clase ve que John vuelve a las andadas. Le digo: «John, ¿me has oído?». «Sí», me contesta, pero él sigue con lo suyo. Parte de la clase empieza a murmurar. «¡John!», le digo alzando la voz. Parece sorprendido. «¡Siéntate, por favor!» John se sienta con una expresión que parece decir: «No hace falta que me grite. ¿Por qué no ha empezado por ahí?».

Esto no es una insubordinación deliberada. John no sabe que alguien le está hablando a menos que oiga su nombre. Por lo tanto, no responde a «Sentaos todos», pero sí que responderá si primero atraigo su atención diciendo: «John, siéntate, por favor. Los demás, sentaos como John, por favor».

Tal vez no capten el significado de pistas no verbales

La atención por sí sola no garantiza la comprensión. Con frecuencia, la persona autista debe pensar conscientemente en el lenguaje corporal, las expresiones faciales, la entonación y todos los restantes elementos de la comunicación no verbal mientras intenta descifrar el significado de nuestras palabras. Esto no es un problema en las clases donde el enseñante se limita a hablar. La comunicación es básicamente unidireccional. El enseñante imparte información. Pero muchas clases son más dinámicas. Hay intercambio de palabras, se siguen turnos para hablar y se deben tener en cuenta alteraciones sutiles de tono y de volumen para interpretar la respuesta del oyente. Aquí es donde la persona autista tiende a perder el hilo y empieza a experimentar tensión.

El exceso de tensión puede sobrecargar el sistema

En un seminario de la TEACCH al que asistí en 1996, Gary Mesibov describió lo que Donna Williams llama «el sonido inalcanzable», es decir, cuando la tensión hace que el habla degenere en un ruido sin sentido. Esto acaba sobrecargando el sistema sensorial a medida que se ven afectados los otros sentidos. «El significado de lo que veo desaparece. Me vuelvo ciega y sorda al significado.» Obsérvese que el significado se pierde pero la persona sigue siendo consciente de la información sensorial que la bombardea hasta que se produce lo que Williams llama el «cierre sensorial», una experiencia parecida a la muerte, a medida que se van bloqueando todas las entradas sensoriales.

Temple Grandin describe problemas similares con la comunicación. Empieza sintiéndose confundida o disgustada. Al principio, la gente le ofrece palabras de ayuda que lo único que hacen es empeorar las cosas y aumentar la sobrecarga sensorial.

Es importante recordar que, cuando se ha alcanzado esta fase, incluso las palabras más alentadoras, pronunciadas con la mejor de las intenciones, no hacen más que aumentar el «ruido» y pueden empeorar aún más la situación.

EL OÍDO NO SIEMPRE ES FIABLE

En el documental *A is for Autism*, que primero se emitió en televisión y que ahora ya está disponible en vídeo (Channel 4, 1992), algunos jóvenes explican que, a veces, su oído les engaña. Como una radio mal sintonizada, el volumen sube y baja como si tuviera voluntad propia, la señal va y viene, el balance se distorsiona y el tictac de un reloj es insoportable de tan fuerte que suena, mientras que la persona que está al otro lado de la mesa mueve los labios sin que parezca emitir ningún sonido. Las voces suben de volumen y se unen en un estruendo o se convierten en un cuchicheo apenas audible. Hasta el crujir de las hojas se clava en el cerebro.

Si un niño tiene miedo de los perros, el sonido de un perro que ladra en la distancia puede acaparar su atención hasta el punto de que mientras atiende a esta información potencialmente importante (¿Se estará acercando el perro?) pierde la conciencia de cualquier otra cosa, incluyendo la voz del enseñante o el sonido de un automóvil que se le echa encima mientras cruza la calle.

Algunas personas dicen tener problemas con el zumbido prácticamente imperceptible que generan los fluorescentes tan comunes en las escuelas y oficinas. ¡Un niño llegó a quejarse del ruido que hacía una mariposa aleteando en el jardín! Por otro lado, los sonidos con los que disfrutan pueden ser igualmente desconcertantes para nosotros. En una reunión oí hablar de un joven al que le gustaba tanto el rechinar de los frenos ¡que se dedicaba a echarse delante de los coches para obligarlos a frenar!

Los antiguos cartógrafos llenaban las lagunas de su conocimiento del mundo con etiquetas que decían «Terra incognita», «País de dragones y monstruos», etc. Las personas con autismo suelen llevar unos mapas cognitivos similares en la cabeza. Lo que saben consta en el mapa con una precisión milimétrica, pero las áreas que desconocen pueden estar llenas de cosas que les aterrorizan. Aquí sí que hay dragones y monstruos.

Lo más probable es que la mayoría de nosotros no seamos conscientes de nuestros mapas cognitivos. Navegamos por la vida a toda prisa, trazando una y otra vez nuestros mapas y reformando nuestros esquemas cognitivos de una manera insconsciente. Habrá momentos en los que nos esforzaremos conscientemente por comprender nuevos conceptos y transformar estructuras cognitivas ya existentes a la luz de nuevos aprendizajes y experiencias que tengan para nosotros un carácter memorable. En momentos como éstos podemos decir que estamos siguiendo una curva de aprendizaje. Pero ahora imaginemos —si nos resulta posible— que esta actividad de aprendizaje intensiva y consciente es una experiencia cotidiana y podremos empezar a comprender la tensión que experimenta una persona autista.

Nuestro instrumento de pensamiento más útil es el lenguaje. Es el equivalente intelectual de la palanca o la rueda. Pero para la persona autista las cosas son distintas. El lenguaje es una regla, no un instrumento.

«Al principio fue el verbo y el verbo se hizo carne» tiene un significado literal. El lenguaje define y limita la realidad en lugar de surgir de la realidad y expresar aspectos de ella. Vygotsky, en su obra fundamental *Pensamiento y lenguaje* (1962), cuenta la historia de dos campesinos rusos que observan maravillados el cielo nocturno. Uno se deshace en elogios hacia la ciencia moderna y la capacidad de los astrónomos soviéticos para medir la distancia entre las estrellas. Su camarada piensa un rato y dice: «Ya, todo eso está muy bien, pero lo que no entiendo es cómo han descubierto los nombres de las estrellas».

Vygotsky también recuerda un cuento de Dostoievski donde el protagonista sigue a un grupo de obreros calle abajo. Prácticamente toda su conversación consiste en palabrotas. Pero las emplean con tal variación de tono que, dentro de su contexto compartido, pueden mantener toda una conversación y entenderse perfectamente. Esto me recuerda el primer día que trabajé como estibador: tras una dura jornada llena de reniegos, un veterano se acercó a mí y con gran ternura me dijo: «Venga, chaval, a tomar por culo».

Este doble atributo del lenguaje —extraer significado de la experiencia y alterar el significado para que encaje en el contexto, de modo que «tomar por culo» se convierta en una expresión de cariño— parece que se invierte en las personas con autismo. El lenguaje impone el significado en lugar de ser un instrumento para extraer significado de la experiencia.

TOMARSE LAS COSAS EN SENTIDO LITERAL

Una literalidad excesiva puede tener consecuencias devastadoras. En un nivel muy básico, cuando le decimos a un autista que se siente, ¿dejaremos que se vuelva a levantar? Si le decimos: «¡No comas el último bizcocho!», ¿qué vamos a hacer si nos responde: «¡Pues vale, nunca más volveré a comer!»? Y no lo dice con sarcasmo o ironía, sino con una literalidad extrema porque le hemos dicho: «No comas...» y a partir de ahí ha dejado de escuchar o, para ser más exactos, ha dejado de descifrar nuestras palabras. En un nivel más avanzado, las consecuencias sutiles de interpretar el lenguaje de una manera hiperliteral también pueden ser muy profundas.

Cuando Matthew tenía 7 años, un logopeda le preguntó: «¿Cuál es tu cuento favorito?». Matthew le contestó: «No lo sé porque hay centenares de cuentos en la biblioteca y papá aún no me los ha leído todos». Seis años después, tras volver de la escuela, me preguntó: «¿Cuáles son todas las leyes que hay?». Resulta que tenía que hacer un trabajo escrito diciendo qué tres leyes cambiaría si tuviera el poder de hacerlo. Matthew se lo tomó muy en serio. Para elegir las leyes que desearía cambiar, tendría que conocerlas todas.

Tomarse las cosas al pie de la letra es un rasgo típico del autismo. Nos puede servir de recordatorio de que debemos tener cuidado con lo que decimos. Recuerdo la historia de una niña que asistía a su primer día de escuela. Llegó y se le dijo: «Deja tus cosas ahí» y echó a correr a su casa llorando porque *creía* que ya no las podría volver a tener (Donaldson, 1978).

Para Matthew, la ansiedad que le provocan los exámenes siempre ha sido un gran problema. Tiempo atrás se lo decíamos a sus enseñantes y entre todos intentábamos tranquilizarle con expresiones como: «Hazlo lo mejor que puedas». En realidad, lo que queríamos decirle era: «Haz lo que puedas. Sabemos que estás preocupado, Matthew. Pero no importa si lo haces mal. Hazlo y ya está. No pedimos nada más». Pero para Matthew esto significaba que sólo podía dar *lo mejor* de sí mismo. Tiene un miedo patológico a cometer errores. En consecuencia, dado que sus niveles de angustia se ponían por las nubes en épocas de examen, las buenas intenciones de su familia y sus enseñantes tenían un efecto totalmente contrario al deseado.

Otro ejemplo de las dificultades que puede plantear el hecho de tomarse las cosas al pie de la letra me lo ofreció un joven con autismo al que yo enseñaba y que atribuía a las palabras un significado muy preciso. Para él «Sí» significaba «Sí». Era una afirmación. No tenía la noción de su uso interrogativo, «¿Sí?». Cada día, para obtener su premio, tenía que quedarse en el grupo de la clase que le tocaba y luego preguntaba si podía ir a recogerlo. Muchísimas veces se acercaba a mí y me decía: «¿Señor Stanton?», y cuando yo le respondía: «¿Sí?», se lo tomaba como una respuesta afirmativa y se iba a recoger el premio sin preguntar más. Al final tuve que obligarme a decir: «¿Qué quieres?», en lugar del ambiguo «¿Sí?».

PEDANTERÍA

Estrechamente relacionada con el hecho de tomarse el lenguaje al pie de la letra se encuentra la necesidad imperiosa de conocer. Los autistas esperan que exista una correlación claramente definida entre las palabras y las ideas, esperan que la vida real tenga la precisión de una ciencia.

Por ejemplo, hubo un tiempo en el que Matthew estaba muy preocupado por la diferencia entre pueblo y ciudad. ¿Cómo se definen? ¿Cuándo se convierte un pueblo grande en una ciudad pequeña? ¿Cuáles son los límites que distinguen una colina de una montaña? Si no podía solucionar cuestiones como éstas enseguida perdía interés por el tema en cuestión.

Matthew ha aprendido a tolerar algunas de las ambigüedades e incongruencias del inglés, su lengua materna. Pero está totalmente superado por los géneros del francés y se subía por las paredes porque no había ninguna regla lógica que pudiera aplicar. El resultado es que se ha propuesto no volver a aprender nunca más un idioma extranjero.

ALTERNATIVAS

Por lo tanto, la repetición rara vez es útil y suele empeorar más las cosas: es algo parecido a hablar a gritos con un extranjero que no entiende nuestro idioma en lugar de traducirle lo que le decimos. Pero, por fortuna, hay alternativas. El texto es algo permanente sobre lo que podemos reflexionar. Matthew, igual que muchos otros jóvenes con autismo, prácticamente aprendió a leer antes de empezar a hablar. Esto es de gran ayuda para los logopedas, que han descubierto que la capacidad de leer ayuda a eliminar problemas como la inversión pronominal. Tomar nota por escrito de las tareas, las instrucciones y los mensajes para casa, puede ayudar a reducir la confusión. Los malentendidos verbales son una de las causas más comunes de tensión y de fricción para las personas con autismo.

Esto también ayuda a explicar la popularidad de Internet como medio de comunicación. Las cámaras web y las videoconferencias aún no están muy extendidas y las comunicaciones basadas en texto, sea por correo electrónico o mediante salas de *chat* en tiempo real, siguen siendo los medios más comunes de comunicación personal en Internet. Esto ofrece diversas ventajas a la persona autista:

• No hay señales confusas que se puedan malinterpretar, como el lenguaje corporal, la expresión facial y el tono de voz.

- Pueden redactar y repasar las respuestas antes de enviarlas: ¡Adiós a las meteduras de pata verbales!
- Ofrece seguridad. Si la conversación se les escapa de las manos, pueden terminarla fácilmente.
- Los *emoticonos* (iconos emocionales) ofrecen unos mensajes inequívocos como «:-)» para me siento contento o «:-(» para estoy triste.

Los *emoticonos* están muy relacionados con los jeroglíficos que se han venido utilizando para facilitar la alfabetización de muchos niños con problemas de aprendizaje y para potenciar la comunicación en niños que encuentran difícil la interacción verbal (Detheridge, 1998).

En lugar de contribuir a la sobrecarga verbal, los símbolos pueden ofrecer a jóvenes y adultos unas señales claras e inequívocas que permanecen cuando las palabras habladas no son más que ecos confusos. Más importante aún, proporcionan un método directo de comunicación a la persona con autismo.

Se pueden emplear junto con programas como el Picture Exchange Communication System, donde la transferencia física de un símbolo de una persona a otra también hace explícita la noción de comunicación como transacción entre personas, en lugar de ser una acción realizada por una sola persona.

Comprendí perfectamente la importancia de la comunicación como interacción social, y no como capacidad individual, gracias a un joven que usaba signos para comunicar sus necesidades pero no tenía la noción de que la comunicación fuera un proceso bidireccional. A veces hacía los signos dando la espalda a su interlocutor, de modo que éste no los podía ver. Después se enfadaba y se sentía desconcertado porque la gente no le respondía ni satisfacía sus necesidades. Otro joven más capacitado expresaba una dificultad similar cuando se quejaba de que había aprendido a hablar antes de aprender a comunicarse.

14

Dificultades en la escuela

LA NECESIDAD DE COLABORACIÓN

Uno de los impedimentos para ofrecer una educación adecuada a nuestros hijos es la falta de personal especializado que entienda el autismo. Los padres nos proponemos educar a las escuelas porque, en general, su experiencia y su comprensión del autismo son tan limitadas que apenas comprenden a nuestros hijos.

Y esto puede ser difícil. Las escuelas se precian de su experiencia profesional. Se supone que saben mucho más. Como enseñante, yo mismo me he visto en esta tesitura. Soy el «experto» que va a ofrecer la solución. Puedo tratar a los padres como colaboradores y, al mismo tiempo, plantearme los problemas de su hijo como un reto que debo superar. E incluso cuando se trata a los padres como colaboradores es fácil olvidar las ideas y la experiencia de sus hijos.

En parte, esto es consecuencia de la estructura profesional de la enseñanza, que es jerárquica y asciende a los enseñantes más experimentados a puestos de dirección desde los que siguen impartiendo su saber y su experiencia profesional hacia abajo, a través del sistema. El personal tiende a mirar más hacia arriba que hacia el exterior de la jerarquía en busca de consejo. Es probable que nuestro jefe de departamento conozca mejor los últimos desarrollos curriculares que la mayoría de los padres. Pero son los padres quienes han leído montones de libros y han adquirido un conocimiento profundo del autismo de su propio hijo. Dentro de la escuela, la persona que tiene estos conocimientos sobre el autismo puede ser un auxiliar de clase u otro miembro del personal no docente. En el caso de Matthew, un auxiliar de clase que le había conocido durante más tiempo que nadie fue el primero en preguntarse: «¿Y si tiene autismo?». Con frecuencia, el responsable del mediodía —su único refugio ante la confusión poco estructurada y el caos socialmente explosivo de la hora del almuerzo— es quien más nos puede decir sobre su autismo: más que el enseñante que sólo ve a un estudiante con talento en el contexto ordenado del aula.

Por lo tanto, es tarea de la escuela buscar e identificar a todos los expertos disponibles en lugar de limitarse a recurrir a quienes tienen un cargo o puesto pertinente. Esta clase de cambio cultural no siempre es fácil de provocar. Pero, como mínimo, las escuelas deberían aprovechar la experiencia de los padres aunque quizá sería conveniente que los padres colaboraran con centros que no tuvieran a sus hijos como alumnos. En mi propia sede local de la National Autistic Society hay varios padres que están plenamente capacitados para impartir cursillos sobre el autismo. Quizá sea más conveniente que compartan sus experiencias con centros en los que no tengan ningún interés particular. Pero de momento son una fuente de conocimientos y de experiencia totalmente infrautilizada.

LA DIFICULTADES A LAS QUE SE ENFRENTA LA ESCUELA

Las presiones que hoy en día reciben las escuelas también son contrarias al establecimiento de políticas favorables al autismo. Las escuelas sienten que se las juzga en función de unos criterios académicos muy limitados y en un entorno competitivo. Les cuesta entender que unos alumnos «de sobresaliente» necesiten el currículo de educación cívica aunque sea a costa de alguna materia académica. A veces ponen en duda la necesidad de la logopedia ante el uso aparentemente maduro del lenguaje por parte de nuestros hijos. No se dan cuenta de que nuestros hijos han hablado así desde que tenían 3 o 4 años, pero que su comprensión social del lenguaje se puede haber quedado en el nivel de preescolar. Hubo un momento en el que Matthew casi dejó de relacionarse con niños de su edad y he visto cómo se dejaba engañar por las aptitudes sociales de un niño de 8 años de nuestra calle. El esfuerzo necesario para acomodar a alguien con autismo modificando el currículo

104

y adaptando el entorno de aprendizaje para que satisfaga sus necesidades —casi siempre contando con un presupuesto insuficiente— plantea unas exigencias al personal en cuanto a tiempo y buena voluntad que pueden ser imposibles de cumplir. El gobierno y las autoridades educativas deben saber que el verdadero coste que supone a las escuelas apoyar a nuestros hijos supera en mucho los fondos para necesidades especiales y es comparable al coste de las plazas en escuelas especiales para autistas. Si no fuera por las horas extra no remuneradas que hacen los enseñantes y auxiliares de clase, lo más probable es que el sistema se llegara a colapsar. Y toda la buena voluntad del mundo no resulta suficiente para compensar la falta de comprensión y las presiones que llevan a muchos a dejar la escuela para recibir clases en casa u olvidarse de ellas por completo.

MODELOS DE APOYO REMEDIADORES Y PROTÉSICOS

Ni siquiera la cultura de necesidades especiales de las escuelas típicas es siempre adecuada para los niños con autismo. Tradicionalmente, las necesidades especiales se han cubierto en las escuelas típicas mediante un modelo remediador: identificar el problema, corregirlo y seguir. Se ofrece apoyo al niño, éste rinde bien y se le retira el apoyo. Este sistema funciona en el caso de una dificultad temporal, pero para las personas con autismo es el equivalente a enseñar a alguien a caminar con muletas, quitárselas cuando ya ha aprendido ¡y preguntarse entonces por qué se cae! El apoyo para nuestros hijos debería ser protésico. Es un compromiso a largo plazo, no un arreglo a corto plazo. La muleta se puede cambiar por un bastón, se puede disimular como un paraguas o puede estar la mayor parte del tiempo apoyada junto a la puerta. Pero siempre tiene que estar a mano para cuando haga falta.

En el Reino Unido, los departamentos de necesidades especiales se conocían con el nombre de clases compensatorias o de recuperación. El movimiento en favor de la integración y la inclusión de todos los alumnos ha hecho que este modelo y las escuelas mismas se hayan tenido que adaptar, sobre todo en el ámbito de los problemas físicos y sensoriales. Pero en la esfera de las dificultades de aprendizaje todavía existe la tendencia a considerar que los alumnos con problemas son una especie de obstáculo que hay que superar mediante el saber hacer del departamento de necesidades especiales. Cuando un niño presenta unos problemas aparentemente insolubles que no responden a ningún «arreglo» a corto plazo, la eficacia de las clases especiales se pone en duda y se propone solicitar una atención especializada en otro lugar.

El modelo remediador, junto con la resistencia a etiquetar, puede tener graves consecuencias para los niños con autismo. Con frecuencia son demasiado inteligentes para el currículo que reciben los niños autistas en los centros especiales pero también son demasiado ingenuos en el plano social para sobrevivir en un centro escolar típico. No encajan en ninguno de estos modelos. Si se van a mantener en centros típicos que ofrezcan un currículo adaptado a su capacidad intelectual, tanto las escuelas como los padres necesitarán unos indicadores claros que les ayuden a comprender y satisfacer las necesidades especiales que plantea el autismo de nuestros hijos.

APTITUD PARA EL ESTUDIO

Tampoco nos debe sorprender que muchas personas con autismo rindan muy bien en la escuela. Dedican mucho tiempo e inteligencia a estudiar a quienes les rodean para comprender los misterios de la existencia social. En comparación con el estudio de las humanidades, el carácter lógico y predecible de las matemáticas o las ciencias suele encajar mejor con sus gustos.

Lo que a las escuelas les cuesta comprender es que los jóvenes autistas con buenas aptitudes tengan que esforzarse en los estudios. La razón de ello es que la inteligencia autista, como cualquier otro aspecto del trastorno, puede ofrecer unas capacidades muy agudas y penetrantes. Pero las consecuencias pueden ser devastadoras para otras esferas de actividad.

Temple Grandin es muy conocida por ser una persona autista que ha escrito mucho sobre su enfermedad. Tiene una gran capacidad para el pensamiento visual y describe así su mente: «Mi mente es como un cd-rom en un ordenador, como un vídeo de acceso rápido. Pero en cuanto llego a lo que me interesa, tengo que reproducir toda la pieza» (Sacks, 1995).

Grandin diseña instalaciones para el manejo de ganado en granjas, explotaciones ganaderas y mataderos concibiéndolo todo en la cabeza, hasta el último detalle, antes de ponerlo sobre papel. Cuando el diseño está terminado se queda fijado en su mente y plasmarlo en el papel es un acto puramente mecánico.

Sin embargo, tiene muchos problemas con el pensamiento abstracto y debe traducir hasta el más sencillo proverbio a imágenes visuales —por ejemplo, «En boca cerrada no entran moscas»— para poder captar su significado. Según Sacks: «Tiene que concretar antes de poder generalizar».

Matthew tenía muchos problemas con el hecho de que yo fuera ateo y de que sus enseñantes fueran cristianos. ¡Éramos adultos y discrepábamos! ¿Dónde estaba la verdad? Al final acabó aceptando que algunas verdades eran hechos y que otras eran creencias, pero aún no puede atribuir conocimientos a estas categorías por sí solo. La historia le gusta, pero se encuentra más a gusto con narraciones históricas que comparando distintas interpretaciones o estudiando los motivos de personajes históricos.

PROBLEMAS CON LA ESCRITURA

Como Temple Grandin, Matthew no tiene ningún problema para concebir las cosas mentalmente. También emplea la metáfora del ordenador para describir este proceso. Pero una vez hecho el trabajo, la tarea de transcribirlo no es tan sencilla para él como lo es para ella. Una vez me dictó la siguiente explicación de sus problemas con la escritura:

> Tengo verdaderos problemas para plasmar mis ideas sobre el papel o en una pantalla de ordenador. Tengo pensamientos, pero hacer que mis dedos sostengan la pluma y escriban o tecleen exige demasiado tiempo y trabajo y mis ideas se confunden, se pierden y, simplemente, se van. Tengo

estos pensamientos y los estoy apuntando, pero hay demasiado trabajo y muy poco tiempo para hacerlo. Trabajo = convertir pensamientos en frases que hay que escribir en una página y el acto físico de escribir o teclear. Tienes que escribirlo en un orden concreto para que el pensamiento se pueda plasmar en la página o en la pantalla.

Mentalmente me puedo explicar todos mis pensamientos, puedo ordenar el texto en la pantalla de mi cerebro. Pero se tarda mucho tiempo en escribirlo, poniendo todos los puntos, las comas y otros signos de puntuación y cuidando la ortografía, y tengo que pensar en la forma de cada letra. Por eso soy tan lento escribiendo y por eso no escribo mucho.

A veces me paso mucho tiempo ordenando todas las ideas en la pantalla de mi cerebro y entonces no tengo tiempo suficiente para escribirlo. Al fin y al cabo, escribir sólo sirve para que el enseñante vea lo que piensas. No importa cómo se llegue a plasmar en el papel. Usar lápiz y papel no es más que un método y no es fácil corregir errores. Cuando hablas es muy rápido y fácil corregir cualquier error.

ACOSO

Una escuela puede sentirse legítimamente orgullosa de su política contra el acoso y de sus valores cívicos. Pero cuando se enfrenta a la queja de un acoso sistemático se pone a la defensiva y exige pruebas, poniendo en duda la versión del afectado. Bajo presión, el alumno con autismo admitirá que no ha sido agredido, que sólo ha recibido un par de insultos.

Pero los insultos pueden ser tan perjudiciales y amenazadores como la violencia real. Las autoridades educativas rechazan la discriminación racial hacia las minorías con toda la razón. Las escuelas aplican una tolerancia cero cuando las deficiencias físicas o sensoriales son tema de burla o escarnio. Pero se supone que el chico con autismo se debe tomar a broma los insultos y las burlas: «Chalado», «chiflado». Las chicas se le insinúan. Si responde es cruelmente rechazado. Si no les hace caso, se le acusa de ser homosexual.

Cumine, Leach y Stevenson (1998) citan el caso de un muchacho con autismo que llevaba un destornillador a la escuela para protegerse de los matones. Como no se encontró ningún indicio de acoso se le amenazó con la expulsión, pero después un enseñante especialista observó episodios de acoso e intimidación de baja intensidad en situaciones y lugares donde los niños estaban solos, como los pasillos y el patio de recreo. En estas circunstancias, el niño con autismo, que es incapaz de pasar por alto estas cosas o de contrarrestarlas con humor, reacciona con enfado. Los otros niños se asustan ante su respuesta, lo que aumenta aún más su aislamiento. De esta manera, lo que puede haber empezado como una simple broma acaba convirtiéndose en un acoso en toda regla al «bicho raro». Éste responde con la misma moneda hasta que se llega a una respuesta totalmente inadecuada y peligrosa que normalmente conduce a la expulsión. Cuando el autismo se comprende, en lugar de castigar se brinda más apoyo.

A mi hijo le pasó algo parecido. Le habíamos dicho que los bravucones suelen ser unos cobardes y que si les plantamos cara se echan atrás. Y eso es lo que hizo. Pero, por desgracia, lo hizo en la biblioteca de la escuela y agarró por el cuello a su torturador en presencia de un miembro del personal. La escuela tiene una política muy estricta y este episodio le hubiera costado la expulsión, pero en su caso no aplicó el castigo.

A veces, los niños con autismo imaginan que los demás se meten con ellos o les fastidian cuando no es así. La ingenuidad social de las personas con autismo suele hacer que malinterpreten los motivos de los demás. Pero si perciben ciertos incidentes o conductas como intimidadores, *lo que cuenta es esta percepción*.

Cuando leo los mensajes de los grupos de noticias y listas de correos de Internet, con frecuencia veo comentarios como: «¡Ese chico del que hablaba usted podría ser *mi* hijo!». Esta percepción del acoso parece estar muy extendida.

Lo único que pone a Matthew fuera de sí es que crea que se están burlando de él. Puede que una situación dada no suponga ninguna burla, pero interpreta que los comentarios o las risas están destinados a él.

Las personas con autismo anhelan la certeza y la imponen en situaciones donde no se justifica. La escala de grises y las probabilidades no son conceptos familiares para ellos. Si alguien dice algo hiriente es que lo debe haber dicho a propósito; si no, ¿por qué lo iba a decir? Estas cosas no pasan por accidente. Estos errores no se pueden tolerar. Si *yo* sé que ese comentario sólo va a empeorar las cosas, ¿cómo no lo vas a saber *tú*? Seguro que lo sabías. O sea que lo has dicho a propósito.

También es muy probable que la persona autista corra peligro a causa de su ingenuidad social. Como el matón les dice que quiere ser su amigo y ellos le creen, y como el código dice que uno no «se chiva» de los amigos, el torturador recibe carta blanca. El niño que realmente se siente solo suele estar tan desesperado por hacer amigos que incluso admite que no se le trate bien si ello supone que se le acepte. Se convierte en el miembro del grupo del que todos se burlan, el que siempre paga los platos rotos, el blanco de las bromas crueles. Sus rarezas *pueden* ser toleradas o incluso fomentadas por su valor como diversión a cambio de protección contra grupos rivales.

He empleado la palabra «*pueden*» deliberadamente. Cuando el grupo se cansa de él, el niño con autismo no puede comprender que está siendo rechazado. Su ingenuidad social ya no es motivo de diversión, sino causa de molestias. Se quieren librar de él, pero él sigue volviendo a por más porque son sus amigos. Lo tienen que ser. Se lo han dicho. O bien mienten ahora o bien habían mentido entonces y las personas no mienten en cuestiones de amistad. Es demasiado importante. Entonces, ¿por qué se comportan ahora con tanta crueldad?

¿SE PASAN DE LISTOS?

Un gran problema del síndrome de Asperger es que, como el sujeto parece comprender claramente sus problemas y puede hablar de ellos con inteligencia, la escuela espera que esa misma capacidad intelectual pueda conducir a una solución. Créame el lector: si la lógica y la argumentación fueran suficientes para conseguir que alguien dejara de ser autista, ¡ya haría tiempo que Matthew se habría curado! Uno de los mayores saltos mentales que las personas neurotípicas pueden hacer —y la mejor prueba para nuestra teoría de la mente— es ver si nos podemos poner en la piel de una persona autista e imaginar cómo debe ser tener una comprensión cabal del problema y, al mismo tiempo, ser incapaz de comprender o aceptar la solución.

Un adulto estadounidense con autismo me propuso que relatara la siguiente analogía cuando algún funcionario escolar no pudiera entender cómo es posible que un joven comprenda tan bien su problema pero no tenga ni la más mínima idea sobre su solución.

Un estudiante de física realiza su tesis doctoral sobre la técnica del pase en el fútbol. Analiza cuidadosamente cómo se golpea la pelota para que siga trayectorias curvas o rectas, por alto o por bajo, etc. Preguntemos ahora al funcionario si cree que ese estudiante podría ser un buen futbolista de primera división. En realidad, ¿sería capaz de jugar bien aunque fuera en tercera? De la misma manera que comprender los principios científicos subyacentes a los pases no hace que la persona sea un gran futbolista, o ni siquiera un futbolista regular, comprender las propias limitaciones sociales no significa que esas limitaciones se puedan superar. No hace falta saber de fútbol para comprender esta analogía. Pero puede que ayude a esa persona a comprender el autismo.

Tuvimos un ejemplo de esto con el trastorno obsesivo-compulsivo de Matthew. Este trastorno afecta a cerca de cinco millones de personas en Estados Unidos y a cerca de un millón en el Reino Unido (Rapaport, 1994), y está más extendido que el autismo. Muchos niños con autismo también son propensos a tener este trastorno. La obsesión de Matthew es la higiene y se lava las manos de forma compulsiva.

Hace poco decidió que ya había oído todos los argumentos y que estaba claro que después de haberse lavado las manos en el baño no era necesario volvérselas a lavar en el fregadero de la cocina. Así que, sin decirnos nada, esperó hasta el siguiente fin de semana para encontrar tranquilidad. Sabe que la tensión no hace más que exacerbar sus compulsiones. Se lavó las manos antes de comer y luego se sentó en la cocina y empezó a comer con los dedos, asegurándose de ponerlos dentro de la boca para demostrarse que estaba satisfecho con su limpieza.

Pero cuando fue a colocar el plato en el fregadero tuvo que lavarse las manos otra vez. No lo podía entender. ¡Se acababa de meter los dedos en la boca! Sabía que estaban limpios. Pero, aun así, tenía que lavárselas. Dijo que era algo instintivo. Cuando se lo explicó a su psiquiatra lo racionalizó como sigue. Había escuchado todos los argumentos. Los había aceptado. Quiso dejarlo de hacer y lo había conseguido. Pero, aun así, tuvo que lavarse las manos cuando se acercó al fregadero. Se suponía que la medicación que tomaba le ayudaba a combatir las obsesiones. Había cumplido su parte del trato. Sería que la medicación había fallado. Como ésta era la única explicación que parecía tener sentido, tenía que ser la correcta. Cuando primero el psiquiatra y luego yo discrepamos de su parecer, tuvo unos momentos de depresión. Sólo mucho más tarde, aquel mismo día, pudo aceptar que «Querer no siempre es poder». Ni siquiera la fuerza de la voluntad, aliada con el valor, la inteligencia y la medicación, era suficiente para vencer su obsesión. Necesitaba un programa adicional de ayuda por parte de un terapeuta especializado. Por suerte, el departamento de psicología del hospital local se lo pudo proporcionar.

Las personas con autismo suelen ser muy exigentes consigo mismas. El perfeccionismo conlleva sus propias presiones, como le ocurrió al muchacho que se pasó un mes diseñando una portada perfecta para su proyecto pero sin trabajar sobre el contenido. Una de las razones de que Matthew reaccionara con tanta tensión a los exámenes era su creencia errónea de que tenía que sacar sobresaliente. Pensamos que estábamos consiguiendo algo cuando aceptó que el objetivo era dar lo mejor de sí mismo, no lo mejor en términos absolutos. Pero no estábamos preparados para su reacción negativa cuando sacó un notable alto en una prueba de ciencias porque antes había decidido que dando «lo mejor de sí mismo» sacaría un sobresaliente.

15

El camino que hay que seguir

La RECETA PARA EL ÉXITO

No tengo la solución al problema de satisfacer las necesidades educativas de los jóvenes con autismo. Nadie la tiene. Sin embargo, sí que puedo ofrecer algunos ingredientes que resultan esenciales. El conocimiento y la comprensión del autismo tienen que aumentar. La experiencia de las personas con autismo y de sus padres se debe tener en cuenta. Los métodos de los mejores educadores y terapeutas especializados deben ser ampliamente compartidos. Las escuelas deben tener apoyo tanto para experimentar como para aplicar nuevas ideas. Sobre todo, debemos tener presente este oportuno recordatorio que escribió un adulto con autismo:

> Comprendo que los padres queráis que vuestros hijos puedan funcionar en la sociedad normal, pero mientras seamos felices, no hiramos a nadie y nos podamos ganar la vida por nuestra cuenta, ¿por qué queréis meternos a la fuerza en vuestro nicho? (Y sí, soy consciente de que algunas personas tienen tendencias destructivas y que necesitan cuidados.) Con los años he aprendido qué debo hacer para funcionar en sociedad. (Si pego a alguien puedo ir a la cárcel. Si soy rudo con la gente nadie querrá hablar conmigo, etc.) En mi humilde opinión, vosotros, los padres debéis «limar las asperezas» lo suficiente para que podamos funcionar en sociedad, pero creo que es un error intentar que vuestros hijos sean *exactamente* igual que un niño «normal».

¿Integración o segregación? ¿Inclusión o exclusión? Puede que las palabras de moda hayan ido cambiando con los años, pero los juicios de valor implícitos en ellas son los mismos. Y, en su mayor parte, los niños autistas de alto funcionamiento y sus padres desean la integración. Los problemas surgen cuando esta integración fracasa. Si la política de integración está mal aplicada o si el niño tiene unas necesidades que la escuela típica no puede satisfacer, debe haber otras alternativas. En caso contrario, la integración acaba suponiendo una exclusión para los niños que se pasan meses —y puede que hasta años— asistiendo a clase mientras los padres y los funcionarios educativos estudian qué se debe hacer.

El concepto de «entorno menos restrictivo» es un derecho legal en Estados Unidos. Esto nos aparta de la falsa dicotomía entre «la integración como algo bueno y la exclusión como algo malo». Todo los entornos sociales son restrictivos para el individuo en alguna medida. Todas las escuelas imponen restricciones a sus alumnos. A veces, la persona autista no puede manejar la presión normal del grupo de compañeros y la escuela acentúa aún más esa presión. En estas circunstancias, el niño necesita apoyo para superar sus dificultades.

Las restricciones que están fuera de lugar son las que encontramos más difícil de tolerar. Cuando nuestros hijos autistas son objeto del acoso y las burlas de compañeros que no conocen ni comprenden el autismo, eso no se puede considerar un «entorno menos restrictivo». Cuando los educadores y otros profesionales creen que nuestros hijos son el problema porque no pueden hacer frente al acoso, esos profesionales no están proporcionando un «entorno menos restrictivo». Cuando los gobiernos establecen unos objetivos para los resultados de los exámenes y penalizan el fracaso, están limitando aún más el entorno para todos los alumnos. Hacen que para las escuelas sea más difícil adoptar un método flexible para satisfacer la gama de necesidades especiales, incluyendo el autismo.

También desconfiamos muchísimo de los intentos de fomentar la integración como una opción de coste cero, financiado mediante el cierre de todas las escuelas y unidades especiales exclusivas para «deficientes». Si la integración es algo tan bueno que tendríamos que estar locos para rechazarla, ¿por qué no dedicarle dinero y reflexión y demostrar que se sabe hacer funcionar adecuadamente? Entonces podremos transferir las capacidades y los recursos de esas escuelas especiales al tan cacareado sistema educativo integrador y no tendremos nada que decir.

Pero aún queda mucho por hacer. Es evidente que no tiene sentido acondicionar todos los pisos y accesos para los niños con sillas de ruedas y olvidarse de las escaleras. Y ocurre algo parecido con los niveles de conocimiento del autismo que a veces nos encontramos. De la misma manera que las escuelas han realizado importantes cambios estructurales para acomodar a los alumnos con discapacidades físicas, también necesitan apoyo institucional para realizar unos cambios igualmente radicales en la cultura escolar con el fin de mejorar la estancia de nuestros hijos. Mientras tanto, si una escuela especial ofrece más resultados educativos positivos y una mayor autoestima, los padres seguirán eligiendo esa opción.

Pero al elegir esa opción los alumnos autistas con más capacidad intelectual tienen menos opciones en comparación con sus primos autistas más discapacitados. Existen muy pocos recursos para los alumnos capaces que no pueden desenvolverse en la escuela normal. En el Reino Unido, los departamentos de necesidades especiales actúan para apoyar a los alumnos en las clases integradoras. Se pueden eliminar algunas lecciones concretas o realizar un trabajo de apoyo, pero se espera que los alumnos con buena capacidad intelectual cubran el currículo oficial. Si tienen problemas psicológicos o emocionales que lo impidan, existe un sistema de derivación de alumnos que, en el fondo, no es adecuado para los niños con autismo, que bastantes problemas tienen con la interacción social normal para que además tengan que desenvolverse en un grupo restringido de compañeros con problemas emocionales y conductuales.

En Estados Unidos, dentro de las escuelas típicas existen clases de recursos autónomas para los alumnos cuya necesidad de ayuda especial pesa más que su derecho a una plena integración. Tampoco estas clases son siempre una opción conveniente para los niños con autismo. Una y otra vez los padres comunican que los enseñantes piensan que su hijo autista de alto funcionamiento recibiría más ayuda en una clase de recursos. A veces esto es verdad, pero con frecuencia es necesario elegir entre estas clases y el contacto social de las clases normales que necesitan sus hijos. En una clase de recursos especiales, estos niños pueden acabar solos y aburridos y echar en falta el estímulo de sus compañeros neurológicamente normales.

También existen escuelas especializadas para niños con síndrome de Asperger. Pero son caras, escasas y muy dispersas. Siempre habrá un lugar para ellas dentro del campo de la asistencia, pero la mayoría de jóvenes autistas de alto funcionamiento seguirá yendo a centros educativos normales.

HACERLO BIEN

Aunque los relatos de éxito como el siguiente se producen con más facilidad en los centros de primaria que en los de secundaria, este testimonio contiene lecciones útiles para todos nosotros:

> Hola, tengo una hija de 13 años con trastorno de déficit de atención y Asperger que acaba de finalizar octavo curso en una escuela de inmersión francesa de Canadá (nuestra familia es anglohablante). Su éxito se ha debido principalmente a:
>
> - Fondos: enseñantes auxiliares a media jornada (algunos formados en el trato a niños como ella, otros que simplemente hacían bulto y uno que fue para ella un excelente ejemplo de cómo no se debe actuar en público; todo el mundo tiene lecciones que enseñar).
> - Conocimiento constante de su rendimiento por parte del enseñante, la administración (el director adjunto), el representante de la junta encargado de las becas, el enseñante especial, los padres y cualquier otra persona que contribuya a ello mediante informes verbales o escritos. Miramos constantemente su taquilla y su mochila en busca de deberes y trabajos terminados porque suele acabar los trabajos pero luego se olvida de entregarlos. Naturalmente, cuando trabaja mal es más fácil saberlo. Cuando ella coopera, todos se dedican a otros niños.

- Círculo de amistades. Cuando estaba en primer curso, sus compañeros de clase se turnaban para ser sus amigos durante un día o una semana dependiendo de su entusiasmo. Hasta tercer curso había llegado a dominar las aptitudes sociales lo suficiente para tener una mejor amiga en lugar de simplemente sumarse a un grupo. Siempre ha tenido amigos en cursos superiores e inferiores. Cada año cambiaba de mejor amiga pero la de este año ya lo ha sido tres veces. La corrección sobre la marcha por parte de algún compañero ha sido la clave para enseñarle las aptitudes sociales necesarias para la amistad.

Siempre ha respondido bien a la medicación. Toma una combinación de Ritalin y Tegretol. Mide 1,63 cm y pesa 68 kg. Esto no ha afectado a su crecimiento. Nosotros (sus padres) hemos estado muchas veces en la escuela. Se queda a comer allí y cuando era más pequeña salíamos con ella una vez por semana, aunque ahora lo hacemos menos. Yo trabajo como voluntaria en la biblioteca una vez por semana. Es un buen trabajo y lo disfruto. El año que viene también quiero ofrecerme como voluntaria para trabajar en la biblioteca del centro de secundaria. Hemos ayudado en clase, hemos ido a excursiones de la escuela, hemos asistido a las juntas de padres, hemos estado siempre ahí.

También tenemos otros hijos. A veces íbamos a sus clases, pero ella sabía que estábamos cerca. Esto la ha ayudado muchísimo a convencerla de que no debe ser impulsiva ni descortés con sus enseñantes. No se puede aprender si siempre estamos castigados en el pasillo.

Éstas son algunas de las cosas que hacemos. El año que viene entrará en el instituto. Es una escuela diferente con un conjunto distinto de expectativas. Deseadnos suerte.

CÍRCULOS DE AMISTADES Y SISTEMAS DE AMIGOS

La referencia anterior a un «círculo de amistades» es muy importante. A veces, el mejor apoyo que podemos ofrecer a nuestros hijos no supone ningún recurso especial. La presión del grupo de compañeros puede ser devastadora para ellos, pero su apoyo puede ser esencial. Los enseñantes evitan centrarse en las discapacidades de los niños e intentan no etiquetarlos. Pero un niño en silla de ruedas no tiene ninguna manera de ocultar su discapacidad y, al ser ésta tan manifiesta, se debe abordar con toda naturalidad.

Cuando obtenemos un diagnóstico tenemos que hablar con franqueza de los problemas de nuestros hijos y educar a sus compañeros de clase acerca del autismo ya desde los primeros cursos. Evitar las etiquetas en público no protege a nuestros hijos. Tarde o temprano, los otros niños verán perfectamente sus peculiaridades y les pondrán sus propias etiquetas: chiflado, chalado, *gay*. (Gran parte de la cultura del varón adolescente es homofóbica y la ingenuidad social y sexual de nuestros hijos se suele malinterpretar.)

En consecuencia, un diagnóstico a tiempo y el conocimiento y la aceptación por parte del grupo de compañeros, que conducen al establecimiento de un sistema de amigos que comprenden y protegen a los niños autistas, puede ofrecer apoyo a estos niños durante toda su trayectoria escolar. Un buen ejemplo de ello me lo proporcionó una madre de mi sede local de la National Autistic Society. Me contó que el director de la escuela de su hijo pequeño intentaba explicar el autismo a los niños de su clase. Muchos habían crecido con él, le habían apoyado en la etapa de preescolar y conocían todos sus problemas. Su reacción fue: «¿Por qué se mete con él sólo porque es autista? ¡Es nuestro amigo!».

LA TRANSICIÓN A LA ENSEÑANZA SECUNDARIA

Los centros de primaria son mejores para el autismo que los de secundaria. Suelen ser más pequeños. El currículo y la programación no están tan determinados por las presiones del sistema público de exámenes. Los niños se pasan prácticamente todo el curso con el mismo enseñante y en la misma aula. Quizá lo más importante sea que los niños no deben alternar con adolescentes.

Pero el problema es cómo combinar la estructura y la seguridad para el estudiante con una respuesta flexible a sus problemas en la atmósfera de un centro típico de secundaria, que debe atender a las necesidades de quizá mil estudiantes o más. Es como si nuestros hijos hubieran crecido en compañía de los artesanos de un taller rural y hubieran adquirido su mentalidad. Pero luego se espera que se desenvuelvan bien en unas condiciones equivalentes a las de una gran fábrica urbana, con unas consecuencias análogas a la agitación y los problemas sociales de nuestros antepasados durante la Revolución industrial. ¡Y esto para unas personas con una resistencia intrínseca al cambio!

DIVERSIDAD Y OPCIONES

La educación ha avanzado mucho desde los tiempos en que había un conjunto de preguntas y sólo una respuesta para cada pregunta. Hoy en día se invita a los estudiantes a debatir, comprender, comparar y sopesar las evidencias, y a decidir en consecuencia. El alumno con autismo adquiere pronto una conciencia muy clara de lo fácil que es estar equivocado en toda una gama de cuestiones y puede preferir que se le diga la respuesta en lugar de arriesgarse a sufrir más ridículo y vergüenza exponiendo su opinión. Por lo tanto, si bien gran parte de la pedagogía moderna es admirable por sus intenciones, también es causa de problemas para el estudiante con autismo.

A propósito de esto fue muy interesante recibir una carta de un hombre sudafricano blanco educado durante el régimen del *apartheid*. La enseñanza que recibía era muy didáctica: ¡ni un atisbo de educación centrada en el niño! La estructura y la disciplina eran muy rígidas. Un código de honor establecido entre los estudiantes protegía al débil frente al bravucón. Este hombre, que tenía autismo, creció y prosperó en aquel entorno. Para una persona de mentalidad progresista e igualitaria como yo mismo, es irónico que algo tan repugnante como el *apartheid* pueda haber producido un entorno ideal para la educación de, por lo menos, un niño con autismo.

No estoy defendiendo un retorno a los valores tradicionales ni rebajando el valor de las reformas educativas de los últimos cincuenta años. Más bien creo que debemos reconocer que la diversidad y la capacidad de elección son unos elementos esenciales para poder satisfa-

119

cer las necesidades de todos los alumnos en un sistema educativo integrador. Si las escuelas típicas pueden adaptar y asumir las ideas desarrolladas con éxito en marcos educativos especializados, esos elementos de diversidad y de elección se podrían ampliar para incluir las necesidades especiales de los niños con autismo.

Aparte de formación para desarrollar la concienciación sobre el autismo y de comprender los principios subyacentes a métodos de intervención con tanto éxito como TEACCH y SPELL, el recurso más importante que necesitan las escuelas es tiempo. Las escuelas están cada vez más dirigidas por eventos externos como el ciclo de inspección, las pruebas estatales, las tablas de clasificación y la comunicación de los resultados de los exámenes. Las escuelas que obtienen una puntuación elevada se consideran buenas escuelas y es probable que lo sean. Las malas escuelas tienden a no obtener informes favorables o buenos resultados en los exámenes. Pero este espíritu competitivo parece ir en contra del principio general de la igualdad de oportunidades para todos. ¿Cuánto tiempo debe dedicar una escuela a desarrollar aptitudes sociales en un alumno con autismo, sobre todo si este resultado educativo no es fácil de medir con pruebas? ¿Sería mejor dedicar ese tiempo a un grupo pequeño de alumnos de bajo rendimiento para que la escuela pueda satisfacer los objetivos?

Si estos objetivos menos tangibles se valoraran de la misma manera y la gama de medidas de una buena escuela se ampliara para incluirlos, las cosas serían muy distintas. Pero las escuelas siguen necesitando tiempo para satisfacer todas estas necesidades. La única manera de comprar tiempo en una escuela es contratar a más personal docente. Y las escuelas sólo pagarán por ese tiempo si reciben fondos suficientes y si se les indica claramente que el uso de este tiempo adicional está apoyado por organismos gubernamentales que controlarán los resultados.

ENSEÑANZA FLEXIBLE

Parte del problema de nuestros hijos es que las escuelas, como organizaciones, necesitan funcionar de ciertas maneras para poder operar con eficacia e impartir el currículo que se espera que impartan. Por desgracia, esto puede crear problemas a nuestros hijos, que necesitan rutinas hechas a medida para satisfacer sus necesidades. Los centros típicos de secundaria no siempre pueden responder con este nivel de flexibilidad.

En este caso podemos tener que desarrollar nuestro propio sistema de enseñanza flexible. Muchos de nuestros jóvenes rendirían mejor en una situación de campus, es decir, seleccionando opciones disponibles en el currículo más un apoyo adicional para las aptitudes sociales, el habla y el lenguaje, etc.

Una manera de conseguirlo sería aplicar una variante de las clases particulares. En lugar de trabajar en el propio hogar y ver al tutor un día por semana, podríamos preparar un centro de enseñanza radicado en una vivienda de una zona residencial para impartir estas clases a un grupo de niños de edad correspondiente a secundaria. Haciendo un fondo común con los subsidios para necesidades especiales que reciben los padres y en colaboración con el distrito o la junta escolar local, se podría comprar material y contratar a un enseñante especializado. Los niños podrían seguir inscritos en el instituto de su zona y, además de tener acceso a recursos como la biblioteca, podrían asistir a las clases para determinadas lecciones.

Los terapeutas y los médicos podrían visitar esta casa-escuela y tener a todos sus clientes en un solo lugar para realizar terapias cognitivas, aplicar el currículo de aptitudes sociales, desarrollar el habla y el lenguaje, realizar terapia musical, etc. Si Johnny está loco por los dinosaurios, puede explorar Internet y desarrollar las aptitudes necesarias para navegar con soltura aprovechando su afición. ¿Educación física? Organicemos excursiones a gimnasios y piscinas locales si las clases normales de educación física son demasiado traumáticas. Para las ciencias usemos la cocina y el jardín como laboratorios. Si necesitamos medios más avanzados podríamos acudir a institutos y universidades locales.

Con frecuencia, los adolescentes con autismo mejoran más en compañía de adultos que siguen clases nocturnas que con compañeros de su misma edad. En estas clases, todos los asistentes desean aprender. Han decidido hacerlo y con frecuencia han pagado por ello. En estos cursos es más fácil encontrar a un adulto comprensivo dispuesto a actuar como mentor de un joven autista, cosa que además le suele suponer una calificación o un crédito adicional.

La casa empleada como escuela no sería una escuela típica. En vez de ello se convertiría en un centro de recursos para todas las personas con autismo de la zona. Estaría abierta los fines de semana y durante las vacaciones escolares. La podrían utilizar clubes y grupos de autoayuda como local durante las tardes.

La tarea de las autoridades educativas sería financiar este método en colaboración con los organismos de sanidad y de asistencia social, además de supervisarlo y garantizar que la educación sea amplia, equilibrada y adecuada. Creo que sería una solución preferible a la ausencia forzosa de tantos niños debida a la tensión. En estos casos, muchos padres optan por la educación en casa. Pero esto suele indicar el final de la colaboración del distrito escolar en lugar de marcar el inicio de una asociación más fructífera.

LA GAMA DE INTERVENCIONES DISPONIBLES

Cuando se trata de elegir cómo intervenir, existen muchos métodos educativos específicamente centrados en el autismo como el Applied Behaviour Analysis, que es muy intensivo y orientado a objetivos, el Options Approach, que también es intensivo pero se centra totalmente en el niño, la Daily Life Therapy, que destaca el trabajo en grupo, la música y los ejercicios rítmicos, y el TEACCH, que destaca la estructura del entorno de aprendizaje. Junto con los programas SPELL y Early Bird de la National Autistic Society del Reino Unido, todos ellos reconocen la naturaleza dominante del autismo.

Aunque cada método tiene sus partidarios y sus detractores, tienen muchas cosas en común y todos han demostrado su efectividad. Véase, por ejemplo, el artículo de Fiona Knott (1995) donde presenta un interesante estudio de los métodos centrados en el autismo que se aplican en Estados Unidos y los compara con el método practicado por la National Autistic Society en el Reino Unido.

El método TEACCH se puede adaptar a un entorno típico. Su objetivo es apoyar a la persona autista en su entorno. En consecuencia, compensa el autismo del alumno alterando el entorno y haciéndolo más adecuado para él. Sus principales características son:

- Un programa o estructura para cada día que es predecible y fácilmente comunicable al individuo.
- Unas expectativas claras sobre lo que debe hacer el alumno en los trabajos individuales.
- Un entorno adaptado que elimine las distracciones sensoriales.
- La conciencia de que las actividades lúdicas no estructuradas y el caos organizado de algunas actividades en grupo plantean dificultades a nuestros hijos y que, en estas ocasiones, necesitan un apoyo adicional.

En el Reino Unido se imparten seminarios de TEACCH con regularidad. También hay varias páginas web muy completas y si el lector vive en Estados Unidos podrá visitar la división TEACCH de la Universidad de Carolina del Norte, desde donde ha ido creciendo hasta convertirse en un modelo de servicio público de por vida a las personas con autismo.

El método SPELL se aplica en las escuelas de la National Autistic Society del Reino Unido y tiene muchas características que lo hacen recomendable. SPELL son las siglas en inglés de:

Structured environment (Entorno estructurado).
Positive approach to the person with autism (Mentalidad positiva hacia las personas con autismo).
Empathy with their point of view (Empatía con sus puntos de vista).
Low arousal, intervening calmly and being non-confrontational (Bajo nivel de excitación, calma en la intervención y ausencia de enfrentamiento).
Links with parents and the wider community (Relaciones con los padres y con la comunidad en general).

SPELL no es tanto un método como una actitud hacia las personas con autismo. Mientras que las escuelas estadounidenses siguen exclusivamente el TEACCH, el ABA o alguno de los otros métodos, las escuelas de la National Autistic Society tienden a ser más eclécticas y aplican una mezcla con elementos de la estructura del TEACCH, programas conductistas y actividades basadas en el juego y centradas en el niño, todos ellos adaptados a las necesidades individuales de cada niño.

Para las autoridades sanitarias y educativas es tentador optar por una solución «para todos», un solo paquete que sea oportuno desde los puntos de vista administrativo y financiero. Pero, por desgracia, todos los niños son inoportunos por naturaleza y los niños con autismo son reconfortantemente normales a este respecto. Lo que funciona con nuestro hijo puede que no funcione con otro y lo ideal sería que la asistencia se basara en el perfil individual de cada niño y no en su perfil demográfico. Desde una perspectiva realista, si una zona tiene un centro de calidad que ofrece un tipo determinado de intervención, tendremos que contentarnos con él. Los padres ya somos conscientes de esto, pero agradeceríamos mucho tener acceso a la diversidad y tener la posibilidad de que nuestros hijos reciban otro tipo de asistencia más conveniente para su caso concreto sin que los condicionantes económicos sean un obstáculo para ello. Mientras tanto, lo que más problemas nos causa no son tanto los servicios inadecuados como la escasez de servicios y el hecho de que todos los recursos para los niños con autismo estén más que ocupados.

Lo más importante es que seamos flexibles en nuestro método de planificación y que desarrollemos iniciativas a partir de oportunidades locales sin dejar de ser coherentes en nuestra adhesión a los principios de respeto y de comprensión hacia las personas con autismo.

16

Conclusión

Este libro es el resultado de un consejo de mi psicólogo, quien me dijo que haría bien en escribir sobre mi ira y enfrentarme a ella antes de continuar. La mayor parte del libro es una respuesta a la preocupación que siento por mi hijo y es curioso ver que, a medida que me acerco al final, ahora las perspectivas de futuro para Matthew son más positivas que durante los últimos seis años.

Hubiéramos querido que la escuela cambiara drásticamente para satisfacer las necesidades individuales de Matthew como persona autista. La escuela confiaba en poder satisfacer sus necesidades escolares normales dentro del currículo típico, pero se sentía incapaz de desempeñar la tarea que le habíamos pedido. Así que era cuestión de tomarlo o dejarlo.

Ahora ya no esperamos que nuestras autoridades educativas nos ofrezcan la luna. ¡Aunque, bien lo sabe Dios, aún pensamos que Matthew se la merece! A su vez, ellos tampoco esperan que Matthew se ajuste a las reglas. Asiste a la escuela a jornada parcial. Sufragan los gastos derivados de la formación externa centrada en el desarrollo de aptitudes para la vida social y laboral. Aún hay grandes lagunas en su educación, pero ya están siendo atendidas. Esta flexibilidad significa que podemos incorporar un régimen terapéutico para su trastorno obsesivo-compulsivo. En general, este régimen le satisface. Ha vuelto a la rutina, ya no se queda en casa por temor y su salud mental es mejor que nunca. Ha descansado durante un año para evitar el ritmo frenético y la inflexibilidad de la programación escolar determinada por los exámenes de los dos últimos años del plan de estudios inglés de secundaria.

No sabemos qué pasará el año que viene. Comprendemos que sin los recursos que hoy no existen, la escuela, en conciencia, no será capaz de combinar un programa flexible para Matthew con las rigurosas necesidades de sus compañeros a causa de los exámenes. Puede que tengamos que encontrar otras soluciones en colaboración con las autoridades de nuestro distrito escolar. Pero, por lo menos, ahora sentimos que no estamos solos.

Hay dos fotografías de Matthew que parecen marcar el camino que ahora está siguiendo. Una es una foto de prensa con los espectadores de un partido de fútbol. Es un partido de copa y nuestro equipo acaba de marcar el gol de la victoria en el tiempo de descuento. Todo el público se levanta de sus asientos para celebrar la victoria: todos salvo Matthew. La suya es la única mirada que se aparta del campo porque me pregunta qué está pasando. La otra fotografía es de dos años después, en Plymouth Hoe, en medio de 45.000 personas reunidas para presenciar el eclipse «del milenio». Su cara está radiante. Es feliz. Se siente a gusto. Comprende lo que está pasando y se siente parte de ello.

Cuando algún adulto bienintencionado le dice que se irá librando del autismo a medida que crezca, Matthew le responde: «No. Siempre seré autista. Lo que necesito es ayuda para crecer con él, no para librarme de él».

Direcciones y páginas web de interés

ESPAÑA

ADANSI, Asociación de Autistas «Niños del Silencio»
C/ Lucero, s/n
33212 Gijón
Tel: 985 313 254
Correo electrónico:
blancov@retemail.es

AFAPACC, Asociación de Padres con Hijos Autistas de Cataluña
C/ S. Antoni M. Claret 282, A, 2º 2ª
08041 Barcelona
Tel: 934 351 679
Fax: 934 463 694
http://www.autisme.com/
Correo electrónico:
autismecatalunya@autisme.com

APAC, Asociación de Padres de Autistas de Córdoba
C/ San Juan de la Cruz, 9, bajo
14007 Córdoba
Tel: 957 492 527
Fax: 957 497 727
Correo electrónico:
autismocordoba@hotmail.com

APDASEVI, Asociación de Padres de Autistas de Sevilla
Avenida del deporte, s/n
41020 Sevilla
Tel: 954 405 446/954 443 175
Fax: 954 407 841
www.terra.es/personal/apdasevi/
Correo electrónico:
apdasevi@teleline.es
autismosevilla@teleline.es

APNA, Asociación de Padres de Niños Autistas
C/ Navaleno, 9
28033 Madrid
Tel: 917 662 222
Fax: 917 670 038
http://www.apna.es/
Correo electrónico:
apna@apna.es

APNABI, Asociación de Padres afectados de Autismo
C/ Pintor Antonio Gezala 1, 2, bajos
48015 Bilbao
Tel: 944 755 704
Fax: 944 762 992
Correo electrónico:
apnabi@sarenet.es

127

ARPA, Asociación Riojana de Padres de Niños Autistas
C/ Boterías, 7-9
26001 Logroño
Tel: 941 241 125

Asociación de Padres de Autistas de Baleares
C/ Josep de Villalonga, 79
07015 Palma de Mallorca
Tel: 971 452 236
Fax: 971 285 645

Asociación de Padres de Autistas de Valladolid
Paseo de Zorrilla 141
47008 Valladolid
Tel: 983 276 900
Correo electrónico:
corroaut@arrakis.es

Asociación de Padres de Niños Autistas de Burgos
C/ Las Torres, s/n
09007 Burgos
Tel: 947 461 243
Fax: 947 241 583
http://personal.redestb.es/autismo-burgos/menu.htm
Correo electrónico:
autismoburgos@mx3.redestb.es

Asociación de Padres de Niños Autistas de las Palmas de Gran Canaria
Paseo de San José, 118, Bl D5
35015 Las Palmas de Gran Canaria
Tel: 928 692 116

Asociación Valenciana de Padres de Autistas
C/ Dr. Zamenhof, 41, bajo
46008 Valencia
Tel: 963 842 226
Correo electrónico:
apnaval@arrakis.es

AMÉRICA LATINA

FELAC, Federación Latinoamericana de Autismo
http://www.autismo.org.mx/
Agrupa y representa los intereses de las personas con autismo en los países latinoamericanos. En su página también se incluyen direcciones de interés de asociaciones y centros de ayuda al autismo.

Argentina
APADEA, Asociación Argentina de Padres de Autistas
Lavalle, 2762, 3er piso, Of. 26
Buenos Aires
Tel: 54-11-4961-8320
Fax: 54-11-4961-8320
www.apadea.org
Correo electrónico:
apadeacentral@yahoo.com

Chile
ASPAUT, Asociación Chilena de Padres y Amigos de Personas Autistas
Gran Avenida Jo é Miguel Carrera, nº 2820, San Miguel

Santiago de Chile
Tel: 56-2-5515114
Fax: 56-2-5515522
http://www.aspaut.cl
Correo electrónico: aspaut@inacap.cl

Colombia
COOPERAR, Asociación de Padres
de Personas Autistas
Cra. 70 A, n° 68, B 88
Bogotá
Tel: 571 25138929
Fax: 571 2865768
Correo electrónico:
iselltda@latino.net.co

Nicaragua
Asociación Nicaragüense para Pa-
dres y Amigos de Autistas
Los Robles Contiguo Embajada de
China
PO Box 292 Managua
Tel: 5052788181
Fax: 5052788010
Correo electrónico: orso@ibw.com.ni

Perú
Asociación de Padres y Amigos de
Personas con Autismo
Avenida de las Artes Sur, cdra. 6, s/n
(sótano Grupo Acuario)
San Borja Lima

Tel: (051) 226 0035
Fax: (051) 226 0035
Correo electrónico:
aspau_peru@yahoo.com

Puerto Rico
Proyecto de Autismo Infantil – Uni-
versidad de Puerto Rico
Recinto Ciencias Médicas
PO BOX 365067 San Juan
Tel: 787-759-5095
Fax: 787-759-5095

República Dominicana
Fundación Dominicana de Autismo
C/ Interior A, #17, La Feria
Santo Domingo
Tel: 532-4628 / 533-4374
Fax: 533-4374
Correo electrónico:
dominicanaautismo@hotmail.com

Venezuela
APAYADEA, Asociación de Padres
y Amigos de Autistas
Urbanización Villa Brasil, Manzana #
114, n° 6
Puerto Ordaz
Tel: 58-086-625398
Fax: 58-086-625398
Correo electrónico:
apayadea@yahoo.com

Bibliografía

Abell, F., J. Ashburner, R. Frackowiack, K. Friston, C. Frith, U. K. Frith, F. Happé, M. Krams y R. Passingham, «The neuroanatomy of autism: A voxel based whole brain analysis of structural scans», *NeuroReport*, n° 10, págs. 1.647-1.651, 1999, accesible en <http://www.neurosite.com>.

Artingstall, K. A., «Munchausen's Syndrome by Proxy», *FBI Law Enforcement Bulletin*, 1995, accesible en <http://www.lectlaw.com/files/cri15.htm>.

Asperger, H., *Die «Autistischen Psychopatie» im Kindersalter*, trad. ingl. en Frith, 1991.

Attwood, T., *Asperger's Syndrome: A Guide for Parents and Professionals*, Londres, Jessica Kingsley Publishers, 1998.

—, *Asperger's Syndrome: Diagnosis and Support*, vídeo, Londres, Jessica Kingsley Publishers, 1999.

Baron-Cohen, S. y P. Bolton, *Autism: The Facts*, Oxford, Oxford University Press, 1993.

Channel 4, *A is for Autism*, 1992, disponible a través de la National Autistic Society.

Connor, M. J., «Children with autism as victims of abuse», *Autism: Current Issues*, n° 9, 1999, accesible en <http://www.jaymuggs.demon.co.uk/connor6.htm>.

Cumine, V., J. Leach y G. Stevenson, *Asperger Syndrome: A Practical Guide for Teachers*, Londres, David Fulton Publishers, 1998.

Debbaudt, D., *Avoiding Unfortunate Situations*, 1999, accesible en <http://homepages.infoseek.com/~ddpi/ddpi.html>.

Dekker, M., «On Our Own Terms: Emerging Autistic Culture», conferencia en línea *Autism 99*, accesible en <http://www.autism99.org/html/Papers/html>.

Department of Education and Science, *Special Educational Needs: the Report of the Committee of Enquiry into the Education of Handicapped children and Young People (Chairman: Mrs. M. Warnock)*, Cmnd 7212, Londres, HMSO, 1978.

Detheridge, T. y M. Detheridge, *Literacy Through Symbols: Improving Access for Children and Adults*, Londres, David Fulton Publishers, 1997.

Donaldson, M., *Children's Minds*, Londres, Fontana/Collins, 1978 (trad. cast.: *La mente de los niños*, Madrid, Morata, 1997).

Evans, G., *Group Work with Siblings of Children with Autism*, conferencia en línea *Autism 99*, accesible en <http://www.autism99.org/html/Papers/html>.

Frith, U., *Autism, Explaining the Enigma*, Oxford, Basil Blackwell, 1989 (trad. cast.: *Autismo: hacia una exploración del enigma*, Madrid, Alianza, 1999).

— (comp.), *Autism and Asperger Syndrome*, Cambridge, Cambridge University Press, 1991.

Gould, J., «Labelling parents: a substitute for diagnosing children? Munchausen's syndrome by proxy», *Communication*, invierno de 1998, págs. 25-26.

Greenspan, S. I., S. Weider y R. Simon, *The Child with Special Needs: Encouraging Intellectual and Emotional Growth*, Harlow, Addison-Wesley, 1998.

Kanner, L., «Autistic disturbances of affective contact», *Nervous Child*, nº 2, 1943, págs. 217-250.

Kessick, R. T. C., *Autism a la Carte*, conferencia en línea *Autism 99*, accesible en <http://www.autism99.org/html/Papers/html>.

Knott, F., *Approaches to Autism in the USA*, informe para la Winston Churchill Travelling Fellowship, 1995 (puede adquirirse a través de la autora, Fiona Knott, Clinical Child Psychologist, Rainbow House, Ayrshire Central Hospital, Irvine, KA12 8SS, Escocia, Reino Unido).

Lovaas, O. I., *Teaching Developmentally Disabled Children: the ME Book*, Austin, Texas, Pro-Ed Books, 1980 (trad. cast.: *Enseñanza de niños con trastornos de desarrollo*, Barcelona, Martínez Roca, 1990).

National Autistic Society, *Approaches to Autism*, Londres, National Autistic Society, 1997.

Network News, «Hanen and autism», *Communication*, invierno de 1998, pág. 10.

Nind, M. y D. Hewett, *Access to Communication: Developing the Basics of Communication with People with Severe Learning Difficulties through Intensive Interaction*, Londres, David Fulton Publishers, 1996.

Rapaport, J., *The Boy Who Couldn't Stop Washing. The Experience and Treatment of Obsessive Compulsive Disorder*, Londres, Harper Collins Publishers, 1994.

Sacks, O., *An Anthropologist on Mars*, Londres, Picador/MacMillan, 1995 (trad. cast.: *Un antropólogo en Marte: siete relatos paradójicos*, Barcelona, Anagrama, 1999).

Segar, M., *Coping — A Survival Guide for People with Asperger Syndrome*, Nottingham, Early Years Diagnostic Centre, 1997.

Shattock, P., *Environmental Factors in the Causation of Autism*, conferencia en línea *Autism 99*, accesible en:
<http://www.autism99.org/html/Papers/html>.

Trevarthen, C., K. Aitken, D. Papoudi y J. Robarts, *Children with Autism: Diagnosis and Intervention to Meet Their Needs*, 2ª ed., Londres, Jessica Kingsley Publishers, 1999.

Vygotsky, L., *Thought and Language*, Cambridge, Mass., MIT Press, 1962 (trad. cast.: *Pensamiento y lenguaje*, Barcelona, Paidós, 2000).

Willey, L. H., *Pretending to be Normal: Living with Asperger's Syndrome*, Londres, Jessica Kingsley Publishers, 1999.

Wing, L., *The Autistic Spectrum: A Guide for Parents and Professionals*, Londres, Constable, 1998.